山里からの伝言

――中国山地 2010 ～ 2012

島津 邦弘

溪水社

はじめに

東京オリンピックの年（一九六四年）、広島に本社を置く中国新聞の記者になり、五五歳で退職するまで三三年間、記事を書き続けた。さまざまな取材にかかわりながら、いつも頭の一角を占めていたのは山陽と山陰を分ける中国山地だった。

中国山地は、中国地方五県に兵庫県の一部を加えた標高一、〇〇〇メートル前後のなだらかな山容が連なる地域である。明治中期まで砂鉄を原料とする鑪《たたら》製鉄で日本をリードし、製鉄に欠かせない木炭生産、農耕や鉄関連物資輸送用の和牛飼育、それに米作りなどが複合的に組み合わさって独特の文化を形成した。こうした特異な風土は、明治以降の近代化の過程で幾多の試練に直面して変化を余儀なくされたが、山ひだや谷筋には今日まで連綿と続く人々の営みがある。

駆け出し記者のころ、朝刊一面に二年近くにわたって連載されたルポ『中国山地』を読み、初任地の松江支局に立ち寄る先輩の担当記者がまぶしかった。自らが中国山地の南端で生まれ育ったこともあって、連載記事に書かれていること、先輩記者が聞かせてくれる事象は他人ごとではなかった。高度経済成長政策が喧伝され、太平洋・瀬戸内沿岸の重工業化が進む裏側で、中国山地は一九六三（昭和三八）年の「三八豪雪《サンパチ》」を引き金に挙家離村が加速していた。この現象を表現する東京・霞が関発の官庁語「過疎」が、やがて普通名詞として定着する。

いつかは中国山地を訪ねる取材をしたい。そんな願いが実現したのは、中国山地の真っただ中、広島県千代田町（現北広島町）の支局に在籍していた一九八三年だった。三人で取材班を編成し、一九八四年一月から一年半、『新中国山地』というタイトルでルポを書いた。先輩の感性あふれるルポには遠く及ばなかったが、いずれ後輩記者がバトンを受け継いでくれるだろうと思いつつ役割を担った。それからさらに一八年後の二〇〇二年、『中国山地　明日へのシナリオ』というタイトルで三度目の中国山地ルポが連載された。期待した通り三区の走者がバトンを引き継いでくれたのである。

三区のランナーが走り始める三年前、「中国山地をもう一度歩く」という宿題を自らに課し、定年まで五年を残して中国新聞社を退職した。比治山大学という広島の小さな私大で、厚顔にもマスメディアを論じつつ、時間を割きながら中国山地再訪の構想を練っていた。しかし予期に反して教員生活はハードで、取材に出かけるゆとりはなかった。いや正直に言うと、時間がなかったのではなく怠惰を決め込んでいたのだ。一〇年くらいで大学を辞めるつもりが、ずるずると延びて七〇歳目前まで来てしまった。これ以上猶予は許されないとの思いに駆られ、二〇一〇年三月に大学を退職し、宿題に専念するようになった。振り返れば、『新中国山地』を書いてから四半世紀が過ぎていた。

　バブル経済の崩壊以来「失われた一〇年」は、有効な手立てが見つからないままに「失われた二〇年」と言い換えられ、かつて「一億総中流」と呼ばれた日本社会は、地域格差、産業格差、世代格差などに象徴されるように「格差社会」の荒れ野と化している。「たたら」衰退以来、農・林業、米・野菜・畜産、兼業化など複雑な生業体系によって維持された中国山地の暮らしは、今や少子高齢社会を先取りするように、負の連鎖の速度を速めている。

　当初の取材構想では岡山県の吉井川、旭川、高梁川の上流域、鳥取県の千代川、日野川、山口県東部の錦川などの上流域も歩く予定だった。しかし、しばらく取材を続けるうち中国山地の全域をたどるのは無理だと悟った。一日に車で走れるのは最大で二五〇キロまで。それを続けたとしても取材は三年を超える。そこで行動範囲を広島、島根に限定した。だから中国山地といっても実際には広島、島根県境一帯をうろうろしたに過ぎない。

　筆者が『新中国山地』でお世話になった人たちを中心に、およそ三〇年の足取りをたどり、ルポにまとめた。その間、バブル経済とその崩壊という激動期があり、以後の財政ひっ迫が地域を一層苦しめていた。そんな時代を経て今も活動を続けている人たちに強く引き付けられた。これからの中国山地を支えて行くのはどういう動きなのかに注目しながら取材した。二一世紀に入って一〇年ほどの中国山地をどれほど書けたか自信はないが、読者のみなさんにとって何かのヒントになればと願う。

この報告は、中国山地に生きる人たちから託された伝言である。また、米と野菜をつくる農家でありながら、記者から大学教員に転じ二足のわらじを履き続けた高齢者のつぶやきである。生来のわがままゆえに同僚記者や大学の諸兄に多大な迷惑をかけた詫び状であり、さらに、半ばあきらめ顔で半世紀近く連れ添ってくれた妻・佳江へのお礼状でもある。ごめんなさい、そしてありがとう。

二〇一二年早春

もくじ

山里からの伝言——中国山地二〇一〇～二〇一二

第一章　過疎対策の実験台
―益田市匹見町

島根県西部の西中国山地に位置し、広島、山口と県境を接する益田市匹見町は、高津川の支流・匹見川とその枝川に沿って小さな集落が点々と続く山村である。人口一、三八四人（二〇一〇年国勢調査から匹見町を抽出）、面積三〇〇平方キロメートル。南と西に連なる一、〇〇〇メートルを超す山々が山陽側への行

匹見町位置図

く手を遮って立ちはだかり、それらの山を源流とする一三の渓流が匹見川に注ぐ。林野率九六・二%。人が暮らし、林業以外の生業を営める空間は一一平方キロ余りしかない。

二〇〇四年、隣接する美都町とともに益田市に合併し、「過疎の原点」と呼ばれた旧匹見町は消滅した。合併までの半世紀近く、匹見町は過疎と闘い続けた。町政とはすなわち過疎対策であったといってよい。その先頭に立った元町長・大谷武嘉さん（一九一二年生まれ）は、「過疎」という耳慣れない言葉が東京・霞が関の官製語として誕生した直後の一九六七年、「過疎対策のためなら、匹見町は喜んで死なないモルモットになる」と公言して、矢継ぎ早に過疎対策を実行に移した。

「二一世紀の築城」をうたい文句にした匹見タウンホール（豪雪山村開発総合センター）建設、「へそ地区づくり」と名付けた集落移転・再編事業、「みどりの工場」と銘打った森林整備、大阪・高槻市との姉妹提携による「和牛オーナー制度」、海とは縁遠い町民に開設した益田海岸の別荘「ダーチャひきみ」。当時とすれば意表をつくようなネーミングのこれら過疎対策事業は、マスコミを通して全国に知られ、町民を元気づけた。大谷さんは一九七九年、五選を目指すも敗退。しかし続く三代の町長は「木工」「温泉開発」「ワサビ再興」など軌道を修正しながら、大谷さんが敷いたレールの上を走り続けた。そして二〇〇四年、益田市への合併で自治体としての匹見町は消えた。

第一節　過疎町長との再会

一九六三（昭和三八）年のいわゆる「三八豪雪」真っただ中の二月、匹見町長に就任した大谷武嘉さんにとって、過疎対策は逃れようのない宿命だった。町議、県議を経て町長の座についた大谷さんは、当選の感慨に浸る余裕などなかった。四メートルを超す雪の中、雪崩被害者の救出、ヘリコプターによる生活物資の緊急輸送、孤立集落の救援、益田市までの陸上輸送ルート確保…。これらの緊急対策がようやく一段落した春先、住民は大谷さんが思いもしなかった行動を起こした。「もう、ここには住めない」。黄砂混じりの層をなす雪が解け始めると、一家を挙げて村を離れる世帯が相次ぐようになった。はじめは隣近所へあいさつし、残った人たちがお別れ会を開いた。やがて、あいさつもそこそこに夜逃げ同然の離村に変わった。残った人たちはうろたえ、不安にかられた。「祭り、葬式、道路や水路の管理ができなくなるのでは?」「学校は?」「お医者さんは?」「バスは?」。

のちに「過疎町長」としてその名を知られることになる大谷さんの長い闘いはこうして

始まった。

大谷さんはいま、匹見川が高津川に合流する益田市横田町、ＪＲ山口線の線路わきにある息子さん宅に身を寄せている。

筆者が大谷さんと会うのは初めてではない。一九六〇年代後半、駆け出し記者として中国新聞松江支局に籍を置いていたころ、島根県庁三階の記者室にぶらりと姿を見せる大谷さんと、幾度となく話した。前代未聞だった集落全戸移転、核となる地域を整備する「へそ地区づくり」、工場誘致に代わる町直営造林班で雇用を創出する「みどりの工場」プロジェクト…。大谷さんは記者心理をくすぐる独創的なアイデアを次々に持ち込んだ。

一九六九年九月、時の佐藤栄作首相ら主要閣僚が松江市に乗り込んで開いた「一日内閣」（国政に関する公聴会）での大谷さんの発言は、翌一九七〇年に議員立法で制定された「過疎地域対策緊急措置法」を決定づける演説として、のちのちまで語り草になった。

そんな大谷さんと最後に会ったのは一九八四年、中国新聞の長期連載『新中国山地』（八四年一月―八五年六月）の取材で匹見を訪ねた時だった。当時七二歳。町長選に敗れた大谷さんは過疎を難病に例え、自らが書いた処方箋の成否を淡々と振り返った。

あれから四半世紀を超えた二〇一〇年初冬、一〇〇歳に手が届こうかという大谷さんを訪ねた。一九一二年一一月一日生まれ、九八歳になったばかりの大谷さんは、こたつの上の新聞を片隅へ押しやって迎えてくれた。「耳がちいっと不自由で…」。時折り補聴器のボリュームを調節しながら、過ぎ去った日々を語った。

「あの豪雪の中の町長選挙、そりゃえらかった。選挙カーなんぞ動きはせん。かんじきを履いて一軒一軒歩いた」。たたみかけるような往時の弁舌は影を潜めたものの、声に張りが残る。「若いごろから書くことが好きじゃった。町長になってからも広報誌に自分の思いを書き続けた。言葉は消えるが書いたもんは残るじゃろ?」。過疎法が施行された一九七〇年、島根大学山陰文化研究所の「山陰文化シリーズ」で『過疎町長奮戦記』(今井書店刊)を出版したのも、退任直後の一九七九年、『続・過疎町長奮戦記』(報光社刊)を著したのも、折りをみて書きためたものがあって初めて実現した。

元匹見町長の大谷武嘉さん
(中国新聞・石川昌義記者撮影)

「過疎の原点匹見」のイメージは、過疎対策に携わる行政マン、研究者、マスコミの間で今日なお残っている。とはいえ、過疎現象が社会問題化した一九六〇年代後半、人口減少率を指標とする限り、「過疎の原点」は匹見町ではなく隣の那賀郡弥栄村(現浜田市弥栄町)だった。

一九六〇年~一九六五年国勢調査に基づく人口減少率は、全国一の弥栄村三四・八%に対して匹見町は全国二位の二六・九%。数字で見る限り「原点」は匹見ではなく弥栄だった。ではなぜ匹見町が弥栄村を差し置いて「原点」と目されるようになったのか。大谷さんによると、次のような事情があった。

「はじめごろは東京・霞が関の役人や研究者、マスコミの目は弥栄村に集中しとった。じゃが、弥栄の村長さんは『ふうが悪い』『村民が嫌がる』言うて、集落のこまごました情報を外へ出し渋りんさった。わしは、住民や議員から苦情はあったが、データを包み隠さず公表した。まあ外交姿勢の違いじゃね」。

大谷さんのこの言葉、記者として三〇年、大学人として一〇年余を過ごした筆者にはよくわかる。資料の公表を拒んだり、出し渋る情報源とは打ち解けにくい。いきおい、臆することなくデータを出してくれる人に目が向く。しかも、大谷さんのようなアイデア町長となればなおさらである。こうして、大谷さん率いる匹見町には記者や研究者が集まり、霞が関や県庁のお役人の目も注がれるようになった

大谷さんが言う「外交姿勢の違い」は、のちのちまで過疎債、公共事業など行政のさまざまな分野で、匹見の優位性を決定づけることになる。とはいうものの、「過疎対策のモルモット」となった匹見町が、過疎脱却を成し遂げたかどうかは別問題である。それを筆者自身の目と耳で確かめようと、大谷さんとのインタビューと前後して、一ヵ月余り匹見町内を訪ね歩いた。

第二節「広見」顛末記（1）

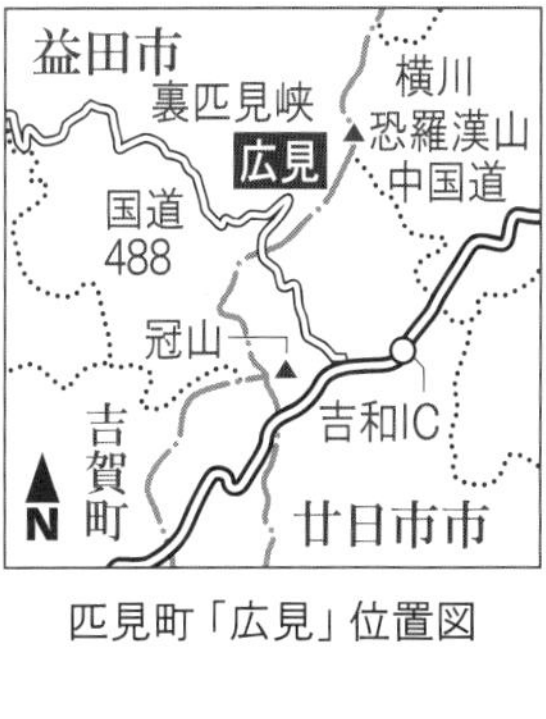

匹見町「広見」位置図

島根・広島両県の最高峰・恐羅漢山《おそらかんざん》（一、三四六メートル）の西に連なる通称・五里山の北側に、四〇年ほど前まで広見という小さな集落があった。最多人口は一九二八（昭和三）年～一九二九（同四）年の二〇六人、最多戸数は一九六〇（昭和三五）年の五三戸と記録されている。一八七五（明治八）年に東村と合併して匹見村、一八八四（明治二二）年の町村制施行で匹見上村、一九五五（昭和三〇）年の昭和大合併で匹見町という経過をたどり、一九七〇（昭和四五）年、当時の大谷武嘉町長が進めた「へそ地区づくり」事業によって、広見に最後まで残っていた六戸、二〇人全員が移転して集落の歴史を閉じた。

五里山の呼称は、北の匹見側からも南の吉和（廿日市市吉和町）側からも五里（二〇キロメートル）という峰越え街道の峠に由来し、現在は国道四八八号になっている。匹見の中心地からは広見川が絶壁を刻む裏匹見峡、吉和からは中津谷渓谷伝いにさかのぼる以外に車道はない。その国道四八八号も、離合に難儀するヘアピンカーブの連続で、冬の四ヵ月近くは通行止めになる。そんな隔絶した広見から最も近い集落は、恐羅漢山の南・広島県山県郡安芸太田町横川《よこごう》である。かつて大赤谷峠道と呼ばれたけもの道のような小道を経て一二キロメートル、大人の足で二時間半かかったという。いま、二つの集落の交流は途絶えたが、一九六〇年代までは通婚圏で、秋祭りに行き来した人も少なくない。

たいていの人はもう忘れているだろうが、二〇〇八年二月上旬、広見という地名が突然テレビのトップニュースとなり、新聞の一面に登場したことがある。広島側の恐羅漢スキー場でスノーボードの若者七人が消息を絶った事件である。消防団、警察はもちろん陸上自衛隊まで出動して大がかりな捜索体制を敷いた。テレビ中継車が駆けつけ、上空を何機ものヘリコプターが旋回する騒ぎの中、スノーボーダーたちはコースを間違えてゲレンデの北側へ迷い込み、広見まで降りて一夜を明かしていた。

若者たちを厳寒から守ったのは、集落が消滅する一九七〇年まで九六年の歴史を刻んだ広見小学校の廃校舎だった。廃校以後二〇年近く、校舎は森林作業員宿舎として断続的に利用され、遭難者にとって幸運なことに作業員が使った毛布が残っていた。七人は教室の板壁をはがし、床が抜け落ちた土間に火を焚き、毛布にくるまって一夜を過ごした。

最初に彼らを発見したのは大捜索体制を敷いた広島ではなく、島根側の匹見だった。

「広島で見つからないとすれば、七人は広見に降りたに違いない」。匹見に暮らす甲佐美千子さん（一九四一年生まれ）はそう確信して益田市役所支所に通報した。連絡をもとに雪で閉鎖された国道四八八号を徒歩で捜索に向かった消防団と、救援を求めて下ってきた先発の若者はこうして出会い、正午前に全員が救出された。

七人の命の恩人とも言える甲佐さんは広見で生まれ育ち、集落の終焉を見届けて匹見の街外れに移り住んだ。最後まで残った六戸、二〇人の中では若手だった。「祖父母が聞かせてくれた昔話の中に、横川から木地《きじ》の材を求めて山に入った五人のうち父子二人が凍死するという大正はじめごろの痛ましい実話があったんです。テレビでスノーボーダーの遭難を見て『広見だ』と直感しました。廃墟の母校がお役に立ててよかった」。

この遭難騒ぎには後日談がある。広島側の恐羅漢スキー場ゲレンデ下で民宿「上前屋」を営む隠居義明さん（一九四七年生まれ）、千賀子さん（一九五〇年生まれ）夫妻も、甲佐さんと全く同じことを考え、捜索隊に「島根側へ下りて捜すべきだ」と繰り返し求めていた。クマ猟とスキー経験がある義明さんは「地形から見て、広見へ降りたのは間違いない」と主張し、千賀子さんもまた「遭難者の携帯電話が通じないのが何よりの証拠」と何度も訴えた。しかし、捜索隊は誰も耳をかそうとはしなかった。「ところ（地元）のことはところのもんが一番よう知っとるのに…」。隠居夫妻はいまでも憤懣やるかたない表情で、あの遭難騒ぎを口にする。

スノーボーダーたちの遭難騒ぎについて長々と書いた理由はもうお分かりだろう。広見と横川という、今では隔絶した二つの集落は、少なくとも一九六〇年代までは現在よりずっと近かった。距離ではなく意識の上で互いにつながっていた。

すっかりそれてしまった。話題を現在の広見に戻そう。

このたびの取材で広見を二度訪ねた。一度目は吉和冠山（一、三三九メートル）山頂の紅葉が薄く初雪に染まった二〇一〇年一〇月下旬、中国道・吉和インターから国道四八八号の峠を越えて広見へ下った。『新中国山地』の取材以来二六年ぶりである。

辛うじて姿をとどめる旧広見小学校

当時、広見に一軒だけ残っていた甲佐さんの茅葺の母屋も瓦葺の納屋も消えていた。車を止めて目に入ったのは、切り石を二段に積み重ねた台座に自然石をのせた碑である。「甲佐家屋敷跡　昭和四十五年　広見集落移転の為　匹見山根下に転居」とあり、脇に往時の甲佐家の写真がはめ込んである。碑に込めた甲佐さんの思いは、稿を改めて触れる。

車を降りて約一時間、国道沿いを歩き回った。建物らしきものと言えば、二〇〇八年にスノーボーダー七人が一夜を明かした旧広見小学校の廃校舎だけ。それも道路下の杉木立に遮られて存在すら気づきにくい。落ち葉に足を取られながら廃校への坂をおり、朽ちかけた廊下の板を踏んで校舎内を回る。教室と思しき土間に、七人が寒さをしのいだ焚火跡がそのまま残っている。毛布はきちんとたたんであった。校舎に隣接する教員宿舎は屋根が傾き、蔦がからんで近寄れない。教室も廊下も校舎につながる講堂も、もう間もなく風雨と雪に抗えなくなるだろう。

道路に戻りさらに歩くと、甲佐さんと同じように屋敷跡を記した石碑二基が目に留まった。「中の本家屋敷跡」と屋号だけを刻んだ斎藤英雄さん、「久留須家屋敷跡　屋号ダア昭和四五年一二月二五日」と記す久留須卓三さん。一二月二五日は広見が全戸移転を終えた日である。筆者は気づかなかったが、記念誌『ふるさと拾遺集　廣見』を残した斎藤寿男さんが建てた碑もあると、のちに甲佐さんから聞いた。これで屋敷跡を示す碑は四基。

人の姿はむろんない。車へ戻りかけたら、暗い木立ちからイノシシの親子がひょっこり現れ、ちょっと振り向いて悠々と道下へおりていった。

第三節　「広見」顛末記（2）

廃村から四〇年あまりたって、広見の現地で文字に刻まれた歴史は、前節で触れたように、屋敷跡を示す石碑四基と二つの橋の銘板をおいてない。あまりにも手がかりに乏しい広見の歴史を埋めるため、二度目は甲佐美千子さんに案内を頼んだ。

甲佐さんと広見を歩くのは今回が初めてではない。二六年前、『新中国山地』の取材でも同行してもらった。さらにさかのぼれば、筆者の先輩記者が一九六五年から二年余りかけて書いた連載ルポ『中国山地』に、広見ワサビ生産組合を率いる長老格の祖父・直市さん（一九六七年、七五歳で病没）が登場する。「六戸の結束」というタイトルで書かれたそのルポで、直市さんは「子孫のためにワサビの経営規模を広げたい。それには車がもう一台

「甲佐家屋敷跡」碑前に
立つ甲佐美千子さん

ほしい」と語っている。当時、広見で運転免許を持っていたのは二人だけ。その一人が直市さんの孫・美千子さんだった。

甲佐さんは高校卒業後、洋裁を学ぶため広島で暮らし、広見に戻って家を継いだ。祖父・直市さんが亡くなった年、木材搬出のプロとして匹見へ来ていた高知出身の千良さん（一九三七年生まれ）と結婚。翌年、一人息子の秀司さんが生まれた。全国の山を巡る夫に代わって家を切り盛りし、祖母・イセさん（一九七六年、八一歳で病没）と相談しながら、事実上の戸主として集落移転という難事業と向き合った。

匹見を出発して広見まで一二キロメートルの道すがら、筆者が二六年前に書いた『新中国山地』のルポ「消えた集落」のコピーを目で追いながら、甲佐さんは「すっかりおばあちゃんになって…」と笑った。ルポの見出しには「ワサビ協業が挫折」とある。記事に添えた写真は、焚火に手をかざす甲佐さんの背後に屋根の茅が抜け落ちかけた母屋が写っている。「荒れた家を他人に見られるのが恥ずかしい」と、そのとき何度も口にした。その母屋は、記事が新聞に載ってほどなく業者に頼んで解体した。「消えた集落」と題したルポは次のような描写で結んでいる。

「広見を歩いて、雑草をきれいに刈り取った小道が幾条かあるのに気づいた。一つはワサビ田への道、もう一つは広見の土となった人たちを弔う墓地への道。甲佐さんも、クマよけの鈴を負いかごにつけてワサビ道を登る。ほかの人も、それぞれ自分のワサ

碑にはめ込まれた1960年代の甲佐家

ビ田を持っている。規模は小さい。『小遣い稼ぎか趣味程度』と甲佐さんは言う。『ワサビ田へ通うことで広見の存在を確かめるとでも言いますかねえ。だれもがそんな気持ちなんじゃないでしょうか。雪が舞えば広見を思い、桜が咲けばまた思う。だから道は消えないでしょうよ』。…細くて切ないが、心をつなぎとめる小道である」

甲佐さんが無住となった広見へ通っていた当時、ワサビづくりと墓参りを通して故郷とのつながりは保たれていた。しかし今、ワサビ谷へ通う人はいない。田も屋敷跡も杉林となり、墓地も移住先に移した。前節で紹介した屋敷跡を示す石碑が建ち始めたのは、二〇〇〇年代に入ってからである。

甲佐さんが「甲佐家屋敷跡」の碑を建てたのは二〇〇六年四月だった。「母を早く亡くした（一九四五年、三〇歳で病没）あと、祖父母、父、二人の叔母、それに二歳下の妹と一つ屋根の下で暮らしましたからねえ。その記憶が詰まっているんですよ。もう私自身が高齢者でしょ？　過去を振り返ることが多くなって…」。うつむき加減にそう言って、碑の右端に埋め込まれた往時の母屋、納屋の写真を手でなぞった。

碑の背面には甲佐さんを含め四人の名前が刻んである。姓はない。「和子、昭恵は叔母で、それぞれ広島と益田に、豊美は富山に住む妹です。実はこの碑は私の独断で建てたんです。完成後に叔母たちに話したら『勝手なことをして』と叱られましてねえ。でも、さっそくこの碑を見にやって来た叔母たちはニコニコ顔。帰りがけに『これを建立費の足しにしなさい』と包みを置いていったんです。あとで開けてびっくり。結局、私と妹の負担はゼロになりました」。二人の叔母さんたち、家を継いだ姪が建てた甲佐家のあかし、とりわけ碑面にはめこまれた写真が気に入り、余程うれしかったに違いない。

碑の背面には、甲佐さんが詠んだ短歌も彫り込んである。

幾人も産声あげし広見の地
　もいちど住みたいみんなと共に

甲佐さんから碑のエピソードを聞いたあと、渓流沿いにぬかるみが続く広見林道に車を乗り入れた。杉林の中に残る石垣に目をやりながら、甲佐さんは家の屋号を口にし、元住民の近況を語った。林道わきにプレハブがある。廃校舎のほかにもう一つ建造物があったのだ。「だいぶ傷んでいるから、たまにしか帰ってこないんでしょうね」。さらに上ると木立ちの一角に日光が差し込み、建物の基礎工事中の平地が見えた。「ああ、山根（俊秋）さんはここに小屋を建てているんだ」と納得したようにつぶやいた。

俊秋さんは甲佐さんより一級上（一九四〇年生まれ）。「三八豪雪」の前、中学校を出て広島市で就職、のちに板金業を営んだ。いまは広島市安佐南区に暮らす。後日、電話を入れた。「たまに、匹見の二人の兄や家族と広見へ戻って酒でも飲めたらと思うて建て始めた。広島インターから高速で吉和インターまで行き、国道四八八号を走りゃあ二時間かからん。広見へ入るとケータイが通じんので家内は心配するが、なあに雪さえなけりゃあ問題ない」。電話の向こうで、古稀を過ぎたとは思えない快活な声が響いた。

車でさらに林道をのぼる。途中、山口から登山の下見に来たという中年夫婦とすれ違った。「クマに出合いませんでしたか。多いんですよ、この辺は」と甲佐さん。戦時中、飛行機のプロペラを作る秘密工場があったという狭い平地で引き返した。泥んこの車で甲佐家跡まで戻ると、山口ナンバーの車のそばで、四〇分ほど前にすれ違った夫婦が登山靴をスポーツシューズに履き替えていた。「そこに、私の家があったんですよ」と甲佐さんが指さす。「まあ、家が？ ここに？」と言ったきり奥さんが絶句した。

第四節 「広見」顛末記（3）

広見を廃村に導いたのは、当時「過疎町長」と呼ばれた大谷武嘉さんの「へそ地区づくり」事業だった。

「三八豪雪」を引き金に加速した匹見町内の挙家離村は、「結い」つまり集落の共同作業に支障をきたし、それがさらなる挙家離村を誘発した。その悪循環を断つには、核となる地区に住宅、診療所、学校などを整備し、そこに生活の場を移すほかない。へそ（核）への集中投資を意味する「へそ地区づくり」は、見方を換えれば隔絶した小集落への新たな公共投資は行わないという宣告、つまり住民への撤退勧告であった。大谷さんが思い描いた「へそ」は、合併前の旧村役場所在地の三カ所。広見は匹見に属する。

強引とも思える広見の集落移転とは何だったのか。それを聞いておきたくて、現地を歩いたあと甲佐さんともう一度会った。一九八〇年代末、大ブームとなった体験型娯楽施設「巨大メイズ（迷路）」のそば、「ウッドペッカー」と呼ぶ木工パズル工房の事務室。彼女は一人息子の秀司さんが独立して二〇年あまり、ここで働いている。「木工パズルを買うお客さんの相手をしたり、製品を箱に詰めたり。バブル景気のころは生産が追いつかなくて作業場にも入りましたよ」。甲佐さんは、一五センチ角くらいのパズルを納める化粧箱にラベルを貼りながら話してくれた。

手仕事を続けながら、集落移転の経過をたどる。「いまごろ『限界集落』という嫌な言葉を聞きますが、あのころ私たちにそんな意識はありませんでした。つらいけど六戸、二〇人で何とか生きていこうと。父は生前『一人になっても頑張る』と言ってましたしね」。

ところが、役場は「過疎法」制定（一九七〇年四月）が秒読みに入った二月、法律施行を見越して行動を起こした。「へそ地区づくり」の地元説明会を始めたのである。真っ先に訪れたのは広見だった。「広見小学校は匹見小へ統合する。住まいは役場の近くに県営住宅六戸を確保し、家賃（月六、〇〇〇円）は三年間に限り町が半額補助する。移転後も広見で稲作、ワサビづくりができるよう道路を改良する」という説明だった。

説明を聞く甲佐さんの頭の中をさまざまな思いが交錯した。先立った祖父が進めた協業ワサビの行く末、祖母の世話…。その中で頭を離れなかったのは、当時二歳の息子・秀司さんのことだった。複複式ながら独立校だった広見小は児童数三人。「秀司が学校へ上がるときはたった一人になる。学校が残るとしても不憫だと」。中学、高校生を持つ家では、通学を考えて匹見にあらかじめ家を購入する人もいた。

「通勤農業ができるようにする言うが、車がないもんはどうするんか」「毎日三里（一二キロ）の道を通うて牛が飼えるわけがない」「長屋のような県営住宅に、家賃を払うてまで住むのはいやじゃ」。幾度かの議論を経て、牛舎を建てるなど町の修正案が示され、稲刈りが終わるころには「移転やむなし」が六戸の大勢となっていた。そして、大谷さんも出席して開いた一九七〇年一二月二五日の「広見閉村式」。座がにぎわうはずもなかった。見送る人のない別れ。家財道具はすでに移転先へ運び込んでいた。

甲佐さんは、広見への道に面した師匠寺のすぐそばに家を買い求めた。結局、広見を下りて県営住宅に入居したのは二戸だけ。甲佐さん同様、あとの三戸も一軒家を求めて移り住んだ。「町が言う通勤農業も考えてはみましたけど、水の管理や畔の草刈りなど往復二四キロの山道を行き来するのは無理ですよ。結局、時々ワサビ谷へ上がってみるくらい。それも長くは続きませんでした」。移転した人たちは、町が直営で進めた森林作業に夫婦で出たり、県営住宅そばに牛舎を建てて牛を飼ったりして、その日その日をしのいだ。

移転からもう四〇年の歳月が流れた。

広見を下りた二〇人のうち、いま匹見で暮らしているのは六人。「老人ホームへ入った人を含めて、子供が独立したり、連れ合いを亡くしたりで、当時の六軒みんな一人暮らしです。うちも移転から六年後に祖母を送りました。息子はいま益田に家を構え、松江へ単身赴任中です。夫は親の介護で高知の郷里へ行ったきりですから、私も実質一人。気楽と言

移転から40年余、杉木立ちに
包まれた広見の屋敷跡

えば気楽ですけど…」。

尋ねても仕方ないと思いつつ「もし集落移転がなかったとしたら、広見は?」と水を向けてみた。しばらく考えたあと甲佐さんは口を開いた。「今の匹見の状況から見て、おそらく消滅していたでしょうね。早いか遅いかの違いだったかもしれませんね」。

そうかもしれない。筆者が『新中国山地』の取材で匹見を歩いた一九八四年、蔦木という集落はたった一軒、老夫婦だけが残っていた。「ひとつの灯」というタイトルで老人の思いを書いた。このたび気になって蔦木を訪ねてみると、木立ちの向こうにかすかに廃屋らしい建物は見えるものの、藪に阻まれて近づくこともできなかった。渓流沿いの棚田には、等間隔に並ぶ白っぽい幹のキハダがおよそ五〇本、直径二〇センチくらいに育って枝を張っていた。稲作すら手に負えなくなった老夫婦が子や孫のために、樹皮が薬草として珍重されるキハダを植えておいたに違いない。会った時ゲートボールの練習に興じていた老人の姿を思い浮かべた。老人の名前を刻んだ墓が、家を見上げるように渓流を隔てて向かい合って、道路わきの高台にあった。

さて、甲佐さんが言う「今の匹見の状況」とは、止まらない人口の減少を指す。

一九六〇年に七、一八六人だった匹見町の人口は、一〇年後の一九七〇年つまり広見の集落移転の年には三、八七一人に減り、以後一九八〇年二、七三三人、一九九〇年二、一七三人、二〇〇〇年一、八〇三人、二〇一〇年一、三八四人と減り続けてきた。一九七〇年代までは挙家離村や若者の流出など社会移動に伴う減少だったが、若者の減少と高齢化が並行して進んだ結果、死亡者数が出生者を上回る自然減に歯止めがかからず、さらにいま高齢者世帯の消滅による世帯減に直面している。家を継ぐあてのない一人暮らしの高齢者の死は、そのまま世帯の減少を意味する。

脇道にそれるが、総務省が「合併特例債」という賞味期限付きの甘い餌を自治体の鼻先にぶら下げて進めた「平成大合併」は、山村の高齢化・人口減という深刻な事態を覆い隠してしまっていると思う。つまりこういうことである。一般に自治体の基本指標となる人口統計は市町村単位で公表される。たとえば匹見町の人口は益田市全体の人口としてつかむことはできても、匹見独自の数字を知るには益田市の地区ごとの人口をたどらなくてはわからない。だから、匹見町の人口減少が進んでいても、益田市全体から見ると減少はそれほど深刻とは読み取れなくなってしまう。世帯数、家族構成、高齢化といった過疎問題を把握するための基本的な数値が、合併の結果「薄められた数値」としてしか表面に現れなくなったのである。

端的な例を挙げれば、かつて全国に点在していた約六〇〇の「村」は「平成の大合併」によってほぼ一八〇に減った。島根県では七つあった村が隠岐郡知夫村だけになり、隣の広島、山口両県では村がゼロになった。ほとんどが過疎地域の指定を受け、中山間地域にあった村だが、合併で旧「村」の実態は数値の上では覆い隠された。

さて「過疎地域対策緊急措置法」に基づいて実行された広見の全戸移転、甲佐さんが言うように、集落の消滅は「早いか遅いかの違い」だったかもしれない。しかし、当時メディアが洋画のタイトルになぞらえて「栄光への脱出」とか「光栄ある撤退」と呼んだほど華々しいものではなかった。それは元住民がのちに万感の思いを込めて建てた「屋敷跡の碑」四基が示している。

第五節　もう一つの集落移転「日の里」

匹見町「日の里」位置図

広見に遅れること三年、匹見町では一九七三年から七四年にかけてもう一つの集落移転が実行に移された。匹見川上流の赤谷川に沿う赤谷・芋原集落の全戸移転である。この集落移転は広見とは趣を異にする。広見は上からの移転、つまり役場が終始主導権を握っていたのに対し、赤谷・芋原は住民が論議を重ねながら進めた移転だった。実は広見と前後して、隣の美都町（現益田市）でも若杉地区を対象に集落移転を実施しようとしていた。ところが若杉の場合、住民合意に至る前に町営の集合住宅が完成し、反発した地元民が祝賀式もそこそこに元の家に戻ってしまった。赤谷・芋原の移転計画はこうした先例を教訓に、集落も役場も慎重にことを運んだのである。

匹見町役場（現益田市役所匹見総合支所）から三〇キロ、旧道川村中心部の出合原から

全戸移転して現在11戸が暮らす「日の里」住宅

五キロ。広島と益田を結ぶ国道一九一号を東に折れて県道匹見―波佐線をさかのぼると、赤谷川に沿って荒廃農地が続き、やがて道路沿いにブルーの平屋根の住宅群が見えてくる。移転した赤谷・芋原の一一世帯、二五人が暮らす「日の里」である。

赤谷と芋原は、一八九九（明治三二）年の町村制施行で道川村に合併する前は、それぞれ独立した村だった。ここでも一九六三年の「三八豪雪」をきっかけに挙家離村が急増した。一九五〇年代に七一戸、三五八人だった人口は一九七〇年には二〇戸、八四人に落ち込んでいた。特に離村者が多かった芋原は二戸を残すだけとなり、赤谷と合併して赤谷・芋原自治会として活動するほかなかった。「へそ地区づくり」を進める当時の町長・大谷武嘉さんは、広見に続く全戸集落移転候補地としてこの地区を選んだ。

　そのころ自治会長を務めていたのが、芋原の最奥部に住んでいた三浦雅顕さん（一九三〇年生まれ）だった。「広見は六軒だけだったが、こっちは二〇軒。移転となると、みんなの意見をよう聞かにゃあいけん。通勤農業が確実にできるようにするにゃあ、どうすりゃあええか。地区の神社はどうするか。住宅の間取り、風呂を薪で沸かすか電気・ガスか…。まあいろんなことを何回も寄って話し合いました」。三浦さんは、先行した広見の情報を集め、一山越えた美都町若杉の失敗も聞き「みんなが満足できる移転を」という決意で役場と交渉を進めた。

　三浦さんが特にこだわったのが通勤農業だった。旧道川村役場があった出合原に移転先を求めると、最も遠い三浦さんの田畑まで片道二〇キロ弱、最短の人でも一二キロ。車で行き来するにしても遠すぎる。出合原への移転を想定していた役場と粘り強く交渉を重ねた結果、移転先として決めたのが「日の里」だった。離村した人の休耕田を役場が買い上げて造成し、一棟二世帯、合計六棟の町営住宅を建てた。間取りは六畳二間と四畳半の和室に八畳のダイニングキッチン、水は簡易水道、風呂はガス、それに移転者の車一〇台を収容できる車庫付き。それで家賃は初めの三年間が月三、〇〇〇円、以後五、〇〇〇円。神社も住宅を見下ろす高台に移転した。ただ、赤谷小学校は集落移転が完了した一九七四年、道川小学校へ統合し廃校となった。

芋原に通い続けて野菜を栽培する
土佐岡徳美さん・キミエさん夫妻

「日の里」から芋原まで七キロの道を行き来して野菜と米を作り続ける土佐岡徳美さん（一九三〇年生まれ）、キミエさん（一九三六年生まれ）夫妻と芋原で会った。

「移転してから、三六年になりますのう」。徳美さんは感慨深そうにつぶやいた。「百姓で稼ぐ金も、勤めに出て稼ぐ金も、金に変わりはない」。徳美さんはそんな父の言葉を支えに生き、一五歳のとき「満蒙開拓青少年義勇軍」に志願して茨城県・内原で訓練を受け始めたところで敗戦。帰郷してからは米つくりと炭焼き一筋、集落移転以後、夏はホウレンソウ、秋はハクサイ、ダイコンを育てて農地を守ってきた。米もつくるし、一時はシイタケ栽培も手掛けた。圃場整備を終えた田んぼに並ぶ一七棟のビニールハウスが、晩秋の日を受けて鈍く光る。

「息子の芳英（一九六〇年生まれ）がやってくれるけえ、ここまで続けられた。やっぱりわしらは土が性に合う。のう」とキミエさんを見やる。「ダイコンの重さがだんだん体にこたえるようになったよね。これこの通り、タヌキがダイコンをかじって出荷できんようになるし」とキミエさん。茅葺屋根にトタンをかぶせた母屋は昔のまま。隣の作業小屋には畳も敷いてある。「仕事で遅うなるときは、ここへ泊まるんよ」と笑った。

だが芋原への通勤農業も順調だったわけではない。「移転する時、ここの農地はいったん町が買い上げて、全部植林したんよ。こんな湿地に木が育つはずがないと思うとったら案の定、枯れてしもうた。もったいないんで町から土地を借りて牛を放牧した。そのあとを圃場整備してもろうて農地に戻し、二〇年前にビニールハウスを建てた。昭和五八（一九八三）年には水害にも遭うたし、まあ大変じゃった」。徳美さんは時に怒りを込め、また時に懐かしそうに移転以後の歳月を振り返った。

二〇一一年一月下旬、土佐岡さんに電話を入れた。「まあ雪がよう降って、芋原は一・六メートル積もっとると、除雪に入った息子が言うとりました」とキミエさん。息子の芳英さんは冬場、市役所匹見支所から道川地区の除雪を頼まれている。芳英さんは、普段なら「日の里」から一五分で行ける芋原までの道のりを三日がかりで除雪したという。

芋原には土佐岡さん以外にもう一戸、「日の里」から通う花づくり専業の農家がある。大麻善裕さん（一九六四年生まれ）、美由紀さん（一九七〇年生まれ）夫妻。移転当時の自治会長・三浦雅顕さんの孫に当たる。孫というのは美由紀さんの方で、善裕さんは山口県山陽小野田市の出身。旧益田市生まれの美由紀さんが善裕さんと知り合って結婚、もともと農業にあこがれていた善裕さんの強い希望で「日の里」に移り住み、花栽培農家になった。

「ちょっと変則的ではありますが、『Ｉターン』農業ということになりますかね」。善裕さ

トルコキキョウの出荷準備をする
大麻善裕さん・美由紀さん夫妻

んは照れながら言った。全く農業経験がなかったため、出雲市で研修を受け、普及員が勧めるままにカスミソウ、トルコキキョウなどのハウス栽培に取り組んだ。

一一月下旬、赤谷川の小さな橋を渡って少し上流へ行くと、ビニールハウスの中で淡いピンクのトルコキキョウが揺れていた。一棟二アールのハウスが一五棟、階段状にずらりと並ぶ。「あと少しで今シーズンの出荷も終わりです。夏の猛暑がこたえたのか、今年は初体験の連続で…」。夫妻は茎の長さを切りそろえながら箱詰め作業に追われていた。「このへんは標高六四〇メートルの高原です。その特性を生かすため、スターチス、キンギョソウ、ケイトー、ヒマワリなど出荷時期を考えながら、あれこれ試行錯誤しています」。はじめは週三回、広島の花市場まで運んでいたが、花の管理が行き届かなくなるため、今は車で三〇分ほどの広島県北広島町のＪＡ広島市八幡支所まで。そこからＪＡに輸送を頼んでいる。

「日の里」でただ一人、小学校に通う娘の愛華ちゃん（二〇〇三年生まれ）の将来を考えると、雪に閉ざされる冬にぶらぶらしているわけには行かない。美由紀さんは郵便局のパート、善裕さんは北広島町のスキー場で働く。
「住むところと農地があったので、Iターンして一二年なんとかやってくることができた。これもみなさんの支援のお陰」。善裕さん・美由紀さん夫妻は、「日の里」の若手としての期待を背に、土に生きる覚悟を固めている。

一方、芋原の下流にある赤谷地区のほうは自営で農業に従事するのは二軒だけ。あとは「道川上農事組合法人」に米つくりを委託している。その法人の代表は三浦雅顕さんの息子・和顕（一九五〇年生まれ）さん。「日の里」だけでなく道川地区のリーダーとして重責を担う。

赤谷・芋原の全戸移転から三六年余。喜寿を過ぎてすっかり腰が曲がった三浦雅顕さんは、しみじみと言った。「はじめは戸惑いもあったが、移転してよかった。いま一一軒、二五人が肩を寄せ合うて暮らせるのも、思い切って移転したからじゃ。元のままじゃったら、おそらく集落は消えとったじゃろう」。

第六節　炭窯「夢ファクトリー」

赤谷・芋原からの移転集落「日の里」のやや下流、川向こうに薄い煙が立ちのぼるのが見えた。茅葺屋根の炭焼き小屋の入口に「夢ファクトリー」という洒落たネーミングの看板がかかる。

入り口で老人が二人、軽トラックから炭木を降ろしていた。「日の里」に住む中川正義さん（一九三〇年生まれ）と八キロ離れた臼木谷から通ってくる竹田幾久さん（一九二五年生まれ）。二人とも子供のころは親に従って炭焼きを手伝い、家を継いでからは米つくりと炭焼きで生計を立てたというから、典型的な匹見の農家。「豪雪（一九六三年）前までは米と炭でどうにか暮らせたが、炭が売れんようになってから何もかもいけんようになった」。八〇歳を過ぎたとは思えない身のこなしで炭木を降ろしながら、中川さんが淡々と話す。「夢ファクトリー」主任、つまり製炭工場長だが、ご本人は「なあに雑役よ」と笑い飛ばした。

「夢ファクトリー」は二〇〇三年、「しまね長寿社会振興事業団」の助成を受け「遊木の里づくり」事業の一環として築いた炭窯である。旧道川村の高齢者、といっても大半は「日の里」に暮らす高齢者が「夢山会」と名付けたグループを結成し、木炭再興への願いを込めて焼き続けてきた。発足時一二人だったメンバーは今六人。当初から活動に参加している竹田さんは「炭焼きが趣味」というほど、自他ともに認める炭焼きの達人。二〇〇九年、妻を亡くして独り暮らし。「近頃、年寄りを前期高齢者と後期高齢者に分けとるらしいが、なあに体が動かんようになりゃあ前期も後期もない。こうして体が動くうちは炭窯へ通うて来る。まあわしの長寿法じゃ」。明るく笑う細身の体は強靭なバネを思わせる。

一窯で焼ける木炭が三〇〇～三五〇キログラム。生産量は年間四、〇〇〇キログラム前後というから、ほぼ月に一回ずつ焼いている計算になる。「そんなに焼いて売れるんですか」と問うと、二人が同時に「それが売れるんよ」と顔を見合わせて笑った。「炭焼きが減り過ぎたんじゃろうのう。月に一〇〇キロとかいう注文がくるんじゃ」。

中川さんによると、長門市（山口県）の焼き鳥屋さんが毎月一二〇キロ、石見西部ではよく知られた松永牧場（益田市）から、毎年開くイベントの焼き肉用に大量の注文が決まってくるという。あとは出合原にある「道の駅ひきみ」「ひきみ峡温泉・やすらぎの湯」などにも出す。これでほとんど完売。「遊び心で焼いとるけえ無理はせん。時間が空いとるもんが集まって、わいわい言いながら仕事をする。これがええんじゃ」と中川さん。

ただ、問題は炭木の調達が年々難しくなることだという。奥山へ入ればいくらでも原木はあるが、高齢者ばかりで搬出に難儀する。いきおい輸送に便利な道路沿いの山の木を伐採する。「だんだん遠くまで伐りに行くようになっとる。いま運んできた炭木は八キロくらい下ったところのもんよ。そろそろ若いもんにテゴ（応援）をしてもらわにゃあ焼けんようになるかもしれん」。

炭窯「夢ファクトリー」で炭木を降ろす竹田幾久さん（左）と中川正義さん

実は「夢ファクトリー」には前史がある。

旧道川村に住む明治末から大正初年生まれの筋金入りの炭焼きのプロ五人で結成した「同年同志会」。旧元組小学校の同級生である五人は、第二次石油ショックで化石燃料の限界が現実のこととして語られるようになった一九七九年の同窓会で「木炭は無限燃料じゃ」という話で盛り上がり、とうとう窯を築き上げた。老年パワーに感動した当時の出雲秀男町長が窯の建設費用の一部を町費で助成。気をよくした「同志会」は、奥匹見峡入口の国道一九一号沿いに築いた窯を「福寿窯」と命名して炭焼きをスタートさせた。

高齢化の進展に伴う「生きがい対策」が盛んに論じられ、当時「同志会」の取り組みは農山村の一つのモデルとして脚光を浴び、これがきっかけとなって中国山地で高齢者グループによる炭窯の復活が相次いだ。しかし、メンバーが高齢化して七〇歳を過ぎたころから製炭のペースが落ち始め、一〇年ほどで窯の煙は途絶えた。いま「同志会」五人のメンバーで健在なのは河野甚一さん（一九一三年生まれ）ただ一人となった。

「同志会」のこうした活動を折りに触れて見ていたのが、大正から昭和初期生まれの世代だった。二一世紀に入り、年々盛んになる「里山再生」の動きに呼応して「夢山会」グループは誕生した。「夢ファクトリー」は、ポスト「福寿窯」の役割を担う。

全国の木炭生産がピークを迎える一九六〇年まで、東の横綱が「岩手木炭」とすれば西の横綱は「島根木炭」だった。木炭と砂鉄を土の炉に入れて三〜四昼夜かけて鉄を得る鑪《たたら》製鉄で栄えた中国山地、わけても島根では製炭は重要な産業だった。鑪が衰退した明治中期以降、製鉄炭から家庭炭に切り替えて木炭生産は続いた。町内に七〇ヵ所を超える鑪製鉄遺跡が確認されている匹見町でも、家庭炭の生産が盛んになり、大正初期から昭和にかけて北海道や朝鮮半島からの労働者を迎え入れた。二〇〇七年に編集された『匹見町誌―現代編』は「昭和三二（一九五七）年には四、三五四トン（三二万俵）、生産高一億円となり（県内の）横綱だった」と記している。

往時の匹見にとって問題は製炭そのものよりもむしろ都市への輸送であった。

道路が整備されるのは戦後しばらくたってからで、それまでは益田まで荷馬車で二日かかった。輸送量、コストを考えて軽便鉄道の構想が何度も論議されたが、敷設費を試算するたびに頓挫した。鉄道に代わって浮上したのが索道による輸送だった。山陰線の益田駅開業を控えた一九一二（大正一一）年、益田市の有志五人が計画を発表し、二年後に益田索道会社が設立され、膨大な森林資源が眠る匹見が脚光を浴びた。益田駅から終点の元組駅（旧道川村）まで一〇の駅をつなぐ三〇キロの索道建設がスタートし、一九二六（大正一五）年一月に全線開通した。時速四〜八キロ、元組駅から益田駅までの所要時間は五時間。

鉄道益田駅から索道駅まで貨物専用の引き込み線も敷設され、匹見は活気づいた。匹見の主要林産物は木炭を筆頭に材木、薪、鉄道用枕木などで、益田からは索道に乗せて生活物資が届くようになった。

『索道のしおり』という小冊子がある。一九九七年、匹見町が町制施行四〇周年を記念して「森とくらし展」を開いた時に編集した。それによると、昭和はじめの索道輸送能力は一日四〇トン、年間一五、〇〇〇トンにのぼった。現在から見れば微々たる数字に過ぎないが、当時とすれば飛躍的な輸送力向上であった。「今から思うと、親父について炭窯に通うた戦前から戦後しばらくの間にかけての時期が一番活気があったかのう」。炭焼きが生きがいという「夢山会」の竹田幾久さんは、索道が上り下りした匹見を懐かしそうに振り返った。その全長三〇キロにも及ぶ索道は、三〇年近くにわたり匹見の動脈の役割を担ったものの、設備の老朽化や林産物輸送がトラックに切り替わり始めた一九五一（昭和二六）年、三〇年近くに及ぶ歴史を閉じた。今は、スキーリフトのゴンドラのような荷台に乗せた木炭の角俵を、写真でしのぶほかない。

さて、ここまで高齢者グループ「夢山会」の炭窯「夢ファクトリー」を中心に書いてきたが、実は「夢ファクトリー」はもう一つある。匹見の中心部から南西に二五キロ、旧三《み》葛《かずら》小学校がそれだ。一九九九年に小学校が廃校になったのに伴い、平屋建ての校舎は研修などで訪れる町外からのお客のための簡易宿泊施設「夢ファクトリーみささ」に衣替えし、その一室を改造して木工加工場を設けた。そこに集う六人の高齢者が作り始めたのが下駄。

三葛では、かつて宮島杓子の粗造りをして日本三景の一つ宮島に送ったという歴史はあるが、下駄はもちろん木工の技術は伝わっていなかった。そこで福山市松永町の下駄の本場に視察に行った。ところが、松永下駄は専用の加工機械を使った大量生産で、素人には参考にならない。結局六人は電動のこ、のみ、かんなを使って手作業で下駄を作り始めた。おそるおそる「ひきみ峡温泉・やすらぎの湯」のお土産売り場に並べてみた。「羽が生えたようにというわけには行かんが、結構売れる」と、メンバーのひとり小川定信さん（一九三四年生まれ）は顔をほころばせた。小川さんは石見西部で知られたワサビ農家。ところが年々ワサビ谷の上り下りが重荷になって、Ｉターンの若者に後を託そうと決心し、空いた時間を「夢ファクトリーみささ」の下駄づくりに充てている。しかし、下駄工房まで七キロを往復するのがつらい。そこで自宅納屋を改造して作業場をこしらえ、もっぱら自宅で作業する。「やり始めてみると面白い。まあこれもボケ防止というか、楽しみなんじゃ」。

炭窯「夢ファクトリー」同様、下駄づくりもまた高齢者の生きがいとして根を下ろしている。

第七節　ツバメ型ライフ

雪に閉ざされる冬以外は郷里へＵターンしてのんびり過ごす。中国山地にはそんな暮らしを毎年繰り返している人が結構多い。春先に帰ってきて晩秋に南国へ渡る夏鳥になぞらえて「ツバメ型ライフ」とでも呼べばよいのだろうか。あるいは、涼しい夏は山で、寒い

匹見町「臼木谷」位置図

冬は平地で暮らす「夏山冬里型」と呼んだ方が分かりやすいかもしれない。

広島から高速道に乗り、中国道・戸河内インターで下りて国道一九一号を北上し四〇分ほど走ると島根県境である。県境をまたぐと、緩やかなカーブの長い下り坂に沿って杉木立と茅原が続き、時折、民家が見える。かつてここは田畑と民家が切れ目なく連なる集落だった。益田市匹見町の臼木谷《うすぎだに》地区。

「奥匹見峡」入口の大きな看板と講堂の建物だけが残る旧元組小学校まで下ると、ようやく平坦地になる。その手前まで約八キロ続く谷筋が臼木谷である。匹見町の取材で一ヵ月あまり、この道を幾度となく車で往復しながら、臼木谷の民家を数えてみた。町外の人が建てたというログハウスを除いて一一軒。それともう一つ、川向こうに「墓参会館」という看板を掲げた小さな建物がある。「三八豪雪」前後に村を離れた人たちが墓参りに帰省して休憩できるようにと、町内に移り住んだ人が四〇年近く前に建てた。一九八〇年代前半まで、会館を利用する人はけっこう多かったようだが、今は広島から日帰りできるため、会館に泊まる人もいないという。障子は破れ、建具も老朽化して杉林に埋もれて見える。

さて、臼木谷を車で走りながら数えた一一軒だが、ここにとどまって住み続けているのは元組に近い下手の五軒だけ。残る六軒のうち一軒は空き家で、あとの五軒は冒頭で触れた「ツバメ型」の暮らしを繰り返している人たちである。

「八幡高原一九一スキー場」（広島県北広島町八幡）のゲレンデを横目に国道一九一号を

臼木谷沿いに下り始めて三分ほどでまず目に留まるのは真新しい平屋の民家。玄関前に青地に白く「金屋子の清水」と染め抜いた幟がはためき、ホースで導いた水が水槽からあふれている。「金屋子」は鑪《たたら》製鉄の守護神。敷地内の一段低い窪地にある益田市指定文化財「本谷たたら跡」にちなんで、この家の主・秀浦豊三さん（一九三一年生まれ）が命名した。

晩秋のある日、広島への帰途に立ち寄って、落ち葉焚きをしている秀浦さんに声をかけた。「そろそろ家を閉めて広島（安佐南区）へ戻ろうかと思うとる」。手にした小枝で落ち葉をかき寄せながら秀浦さんが言った。

元の家はすでになく、屋敷跡は国道改良工事の残土を埋め立てて整地してもらった。真新しく見えた住まいは二〇〇一年、広島県安芸太田町松原の空き家を解体して移築した。「やっぱり長年暮らしたところがええのう。定年になって、夫婦で気楽に暮らそうと思うて建てたんじゃ。六〇〇万くらいかかった」。先祖の墓が国道を挟んで山の斜面から見下ろす。「ここへ戻ると落ち着く。ちいとばかり野菜をつくり、元の田んぼの草を刈り、道のほとりに花を植えて…」。喜寿を目前にした秀浦さんは、淡々と話した。

秀浦家が挙家離村して広島へ出たのは東京オリンピックの翌年、一九六五（昭和四〇）年だった。「三八豪雪」をしのぎ、翌年も米をつくり山仕事をした。しかし、豪雪から二年が過ぎて、かつての臼木谷上地区はほとんどが空き家になった。「両親、家内、子ども二人を残して、わしが一足先に広島へ出た。正月の二日じゃった。慣れた仕事がええと思うて、製材工場へ入った。家族は秋の取り入れを済ませてから広島へ出てきた」。

　実は秀浦さんは広島（安芸太田町穴）の生まれ。学校を出て製材工場で働き、鉄道枕木の製材で匹見へ入ったのが縁で奥さんと知り合い、秀浦家の養子となった。広島市内に知り合いも多く、職探しに困ることはなかった。当時の広島はマツダのロータリーエンジン開発への期待が膨らみ、三菱造船も活況が続き、住宅地は郊外の農地を蚕食して膨らんでいた。「年齢相応に仕事はあったし、家族みんなで頑張った」。臼木谷を出て一〇年あまり後、安佐南区の団地に新居を構えた。「自分で言うのもなんじゃが、がむしゃらに働いて、これでやっと一人前と思うたよ」。

　一九九一年に定年を迎え、団地の我が家で暮らすようになって、無性に臼木谷への思いが強くなった。「いっそのこと臼木谷に小屋でも」と奥さんを説得して建てたのが、はじめに紹介した住まい。雪解けを見計らって里帰りし、広島より一カ月近く遅い桜の季節には知り合いを招いて花見をしたり山菜採りをする。菜園で季節の野菜を育て、休耕田の草を刈り、秋にはキノコ採り。「夜が明けて起き、日が沈んだら寝る。時間も曜日も気にならん暮らしが一番じゃ」。落ち葉焚きの煙の匂いをいとおしむように、秀浦さんは夕空を見上げた。

　さて、秀浦さんの住まいから二〇〇メートルほど下手に「木炭あります」と書いた看板を出す古い民家がある。茅葺屋根にトタンをかぶせた築一四〇年という家に住むのは津島高文さん（一九三六年生まれ）夫婦。津島さんも「ツバメ型」の暮らしを一五年近く続けている。

津島さんと会うのは初めてだが、父の将観さん（一九九四年、八二歳で病没）とは一九八四年、『新中国山地』の取材で会っている。当時、臼木谷上に残っていたのは将観さんただ一人。「ひとつの灯」と題した連載記事を読み返してみると、七三歳だった将観さんは筆者の問いかけに次のように答えている。

「ワシャわがままなんじゃ。息子にゃ心配かけてすまんと思うが、気楽に生きたい。…田をすいたり草を刈っとりゃあ、気分がおさまるのう。田や山があるけえここにおる」

炭窯を背に語る津島高文さん

将観さんが亡くなったあと「ツバメ型」の生き方を選択した津島さんも、当時の父の年齢を超えた。秀浦さんより一年あと、父を残して一九六六年に広島へ出て木材会社で三〇年働いた。娘たちも結婚し、孫も生まれ、新居も構えた。夫婦二人の生活に戻って、ふっと頭をよぎるのが故郷の古い家、そして「お前が炭を焼こうと思えば、生涯焼けるだけの木は残しておいてやる」と言った父の言葉。その言葉に従って、広島生まれの奥さん、柴犬一匹とともに臼木谷へ戻って炭焼きを始めた。

「木炭あります」という看板を見て、車で通りがかりの人が木炭を買って行く。最近は室内や車の脱臭用に小さな化粧俵に詰めた木炭がよく売れる。炭俵は、刈っておいた茅で奥さんが大小さまざまなサイズに編む。「売れるに越したことはないが、まあ道楽のようなもの」と炭焼き暮らしを楽しむ。

匹見へ通ううち「臼木谷の絵巻物を描いた人がいる」という話を耳にした。津島さんに尋ねると「それなら、うちでももろうたよ」と言って見せてくれた。絵巻物を描いたのは臼木谷に生まれ育った秀浦実美さん。二〇〇九年一月、米寿の記念に作成して縁者に贈り、ほどなく亡くなった。

きれいに表装された巻物を広げると、縦は約二〇センチと小ぶりながら、長さは約五メートルもある。表題に「島根県美濃郡道川村大字臼木谷集落図」とあって、大川（匹見川）、谷川、道路、小径、住家、納屋、土蔵、水車などが細かく筆で描かれている。津島さんによると、一九五〇年代前半の臼木谷を記録したとみられ、たとえば津島家は「今田屋」といったように家名はすべて屋号で表記されている。

いまでは屋敷跡も田畑も原野に戻り、道路も整備されて往時と対比することなどほとんど不可能だが、絵巻物には旧道に沿って切れ目なく住家が続いている。集落の全戸数は四三戸。「この谷にこれほどの家があったとは想像できんでしょう」と津島さんは懐かしそうに語った。

絵巻物の巻末近く、広島県境に「虫追峠」とある。夏の終わりの日暮れ時、臼木谷の人たちの行列が松明をかざして道をのぼり、稲を枯らす害虫ウンカをおびき寄せて峠の向こうに追いやった。地域によって「虫送り」「実盛《さねもり》さん」とも呼ばれた、そんな往時の光景と峠の名前の由来を知る人も、もう津島さんの世代までかもしれない。

第八節　「みどりの工場」

一九六〇年代半ばから七〇年代にかけて中国山地の自治体は、若者の都市流出を食い止める手立てとして工場誘致に奔走した。誘致の成否は自治体首長の政治力を評価する目安とまで言われた。進出する企業にとっても、安い土地と労働力、それに土地の確保や税制面での自治体の後押しは魅力があった。しかし結果からみて、工場誘致は過疎化に歯止めをかける決め手とはならず、少子高齢化は年を追って進んだ。そして、企業が進出先をアジアへとシフトしたいま、企業誘致を看板に掲げる山村自治体は皆無になった。

一九六三年に匹見町長に当選した大谷武嘉さんも、当時の企業誘致ブームにあやかりたかった。現に一社だけ縫製工場を誘致した。しかし、林野率九六・二％、道路整備の遅れを考えると、振り向いてくれる企業を望むべくもなかった。そこで発想を逆転させた。「工場を誘致しなくても、それに代わる仕事場を創り出せばよい」。そう考えて出した答えが一九六七年に動き出した「みどりの工場」だった。広大な林野を工場に見立て、そこに雇用の場を創出すると同時に緑の恵みを育てる。造林事業自体は目新しいことではなかったが、ネーミングが斬新だった。

大谷さんの発想の斬新さを理解するには、「みどり」「環境」という用語の歴史をたどる必要があるだろう。

「みどり」という言葉は今でこそ「環境」と違和感なく結びつくが、「環境」に代わる当時の言葉は「公害」（たとえば「公害対策基本法」制定は一九六七年）であった。「環境」が定着するのは一九七二年の「国連人間環境会議」（ストックホルム会議）以後であり、日本が「環境基本法」を制定したのは、さらに二一年後の一九九三（平成五）年のことである。言葉の変遷をたどるだけでも、大谷さんの発想がどれほど先見性を持っていたか分かる。

さて「みどりの工場」構想は単にネーミングだけでなく、内容も斬新だった。

たとえば匹見町と森林開発公団（現・独立行政法人緑資源機構）の分収契約では①毎年四月に事業を開始し、一一月に終了②宿泊所（五棟）を設置し、雇用保険、労災保険、年次有給休暇、期末勤勉手当、退職金、企業年金制度を適用 ③例年雇用するものは、年次につき日額一〇円アップのほか役付手当、機械手当、山泊手当、通勤手当支給―などを盛り込んだ（契約内容は『匹見町誌』から要約）。当時の森林労務としては破格の労働条件である。

「みどりの工場」の従業員、つまり町が雇用した森林作業従事者は、居住地と作業地を考慮して組織された造林班に所属した。一九七一年、造林班は育苗班を含め一二班（一二八人）を数え、役場、農協にひけをとらない雇用の場となって、ついに一、五〇〇ヘクタール造林を達成した。冬の積雪期を除くとはいえ、「工場」は奥深い急傾斜の山の中である。常に危険と隣り合わせ、特に真夏の作業は体にこたえた。それでも一九七九年には二、五〇〇ヘクタールに到達し、「みどりの工場」は誘致工場に代わる就労の場として実績を重ねた。一九八〇年の「町勢要覧」を見ると、造林班は八班に減ったとはいえ班員は一一三人、マイクロバス一〇台を含め車両一二台、刈り払い機七六台、チェーンソー一五台。堂々たる企業である。

ところが一九八〇年代以降、「みどりの工場」に構造的な問題が浮上した。ひとつは造林班の高齢化、もうひとつは戦後一貫して続いてきた「拡大造林」への逆風である。

造林班の高齢化は「みどりの工場」が動き始めて一〇年くらいたったころから、大きな懸念材料だった。若者は相変わらず地元にとどまろうとはせず、班員が高齢化して新陳代

広葉樹と針葉樹が混じる匹見の森林

謝が進まない。こうして一人、また一人と班員が減り、班の編成が難しくなった。造林のペースも徐々に低下し、二、五〇〇ヘクタール達成（一九七九年）から三、〇〇〇ヘクタール（一九九四年）まで一五年かかっている。これは一九九〇年代以降、造林班からの脱落が一気に進んだ結果である。いま残っている造林班はわずか一班、一〇人に過ぎない。

もうひとつ「みどりの工場」に影を落とすことになった「拡大造林」は、「工場」内部の問題というより外部要因である。当時、「みどりの工場」は拡大造林を前提に組み上げられていた。ところが、先に触れた「環境」に対する認識の変化が、針葉樹一辺倒の森林政策に大きな転換をもたらした。

例えば、筆者の先輩記者たちが取材に当

たった『中国山地』は、一九六〇年代半ばの森林を次のように描写している。

「秋の紅葉と冬の灰色の山。この風景は山林資源に関する限り、貧しさの象徴だ。……たたら、放牧、木炭と自然利用にまかせた歴史が、山の近代化をいちじるしく遅らせた」

木質燃料から石油・ガスへの転換が急速に進んだこの時期、中国山地の広大な広葉樹林は「低質林」とさげすまれ、針葉樹への転換が急務とされていた。「みどりの工場」が脚光を浴びたのも当然だった。ところが、それからほぼ二〇年後、筆者も取材にかかわった『新中国山地』総括編「山—険しい再生の道」（一九八五年）は、次のように書いている。

「私たちは『人工林化はもういい』というつもりはない。ただ、人工林にもおのずと限界があるのではないか。広葉樹も、それはそれで生かす道があり、…大切に守り育てて行かねばならない財産なのではないか」

樹種転換が急速に進み、中国山地の人工林率が四〇%前後に達していた当時、森林を見る目は変わり始めていた。それから三〇年近い歳月を経た今日、森林に対する認識はさらに大きく変わった。地球環境やエネルギー資源をめぐる問題提起によって、いまや「森林の公益的機能」が当たり前のように論じられるようになった。

「みどりの工場」も当然、そうした時代状況に応じて業務内容を刷新しなければならなかった。しかし、すでに植栽した杉、ヒノキの間伐、枝打ちといった保育作業すら手に余るようになり、減少した上に高齢化した造林班で対応するのは困難であった。加えて、広葉樹をどのように管理し、それをどう生かすかといったノウハウはなかった。なぜなら、炭を焼いた後の広葉樹は、切り株から自然に発芽するため、ほぼ三〇年サイクルで伐っては焼き、伐っては焼くという繰り返し。そこに特別な技術と呼べるようなものは必要なかったからである。

一九六〇年代半ばから七〇年代、年間一〇〇ヘクタール以上の造林実績をあげた「みどりの工場」は、八〇年代を過ぎると二ケタに、さらに二〇〇〇年代に入ると一ケタに落ち込んで二〇〇五年にかろうじて三、五〇〇ヘクタールに手が届いた。一九七一年に一、五〇〇ヘクタール達成を盛大に祝ってから四〇年余りを経た現在、人間に例えれば壮年期に入った針葉樹林は、伐採を念頭に保育を手掛ける林齢に達している。拡大造林全盛期に産声をあげた「みどりの工場」は従業員の新陳代謝で行きづまり、針葉樹と広葉樹がバランスよく併存する「針・広共存」の森づくりのノウハウを欠いたまま、袋小路に迷い込んでいる。

さらに、二〇〇〇年に高津川流域七つの森林組合が合併し高津川森林組合となって以後、匹見の独自性は大きく後退した。二〇〇六年には支所が廃止され、造林班も若返ったとはいえわずか三人、あとはナメコ培養センター、製材所だけとなった。かつて木炭生産で県内トップを誇り、全国でもまれな三〇キロに及ぶ索道を敷設し、戦前から戦後にかけて林業に生きてきた匹見も、益田市との合併、高津川森林組合への統合など一連の変革を経て、どこにでもある山村の一つとなった。

しかし、町域の九六・二％を占める山がなくなったわけではない。

第九節 「木工の里」の試練

「過疎町長」大谷武嘉さんが進めた「みどりの工場」による拡大造林は、三期目までは時流に乗って順調だった。しかし、四期目に入った一九七五年あたりからすでに、体質改善を必要とする時期に差しかかっていた。改善の柱は、一〇班、一〇〇人を超える造林班の若返り、それに拡大造林一辺倒からの切り替えであった。ところが、高齢化と人口減少の同時進行、木材利用という未知の分野へのためらいが路線転換の決断を鈍らせた。

二〇一〇年一一月、二六年ぶりに再会した大谷さんは、転換点にあった一九七〇年代後半の「みどりの工場」を次のように振り返った。「造林班は確かに高齢化しとったが、十分働く体力も気力もあった。なにより匹見には植林を待っとる山がいっぱい残っとった。今でこそ『森林の公益的機能』とか言うが、当時は広葉樹から針葉樹へ変えることが使命じゃった」。さらに大谷さんは続けた。「木材利用と言うても、建築用材でもパルプ材でも、匹見じゃあ伐って運び出すだけ、炭を焼くか地元の住宅を建てる技術ぐらいしかなかった」。「みどりの工場」の先細りが続く匹見では、大谷さんが言うように木材を加工する技術は育っていなかった。それでも資源として匹見が誇れるものは森林をおいてない。広大な広葉樹林に囲まれた匹見が「木工」に目を向けるようになるのは、五期目を狙う大谷さんを小差で破って一九七九年、町長に就任した出雲秀男さん（二〇〇三年、七四歳で病没）、さらには栗田久さん（二〇〇〇年、七〇歳で病没）の時代であった。

ここで脇道にそれるが、匹見町が「木工の里」に向かうきっかけとなった一九八〇年代前半の時代状況に触れておく必要があろう。一つは通産官僚から転身した大分県の平松守男知事が主導する「一村一品」運動、もう一つは広島県北の団塊世代の若者集団「過疎を逆手にとる会」の取り組みである。前者は「梅・栗植えてハワイへ行こう」の大山町（現・日田市）に代表される地域資源再発見、後者は、逆転の発想で全国の自治体、商工会の若者を引き付けた通称「カソサカ」の軽快で深刻ぶらない活動である。両者の発想の基本にあったのは「足元を見つめ直す」であった。こうした動きは過疎脱却を模索する山村を勇気づけ、「村おこし」のうねりとなって全国に広がった。特産品づくり、都市と農村の交流、里山再生といった今日につながる流れの源流に位置するのが「一村一品」運動と「過疎を逆手にとる会」であった。

匹見町が「木工の里」を意識するようになるきっかけは、一九七九年の「匹見産業開発組合」（のちの産業開発会社）設立にさかのぼる。この組合は特産品開発を主眼に勉強会を重ね、その結果たどり着いたのが森林資源の再発見だった。一九八二年に開いた「匹見ものづくりシンポジウム」で、風土にマッチした産業の重要性を確かめ合い、シンポジウムの後に発足した「匹見裏作グループ」という一風変わった名前の集団と二人三脚で「木工の里」づくりが始まった。

ニュージーランドの姉妹都市ワナカ町にあるメイズ（迷路）を見学した組合メンバーの一人が「間伐材を使って匹見に巨大メイズをつくり、観光客を呼び込もう」と提案。さっそく第三セクター方式で迷路づくりを進める一方、迷路にあやかって木製パズルの製作・販売を手がける「木工創作館・ウッドペッカー」も動き出した。一九八六年、函館、京都に次いで三番目にオープンした匹見巨大メイズは瀬戸内沿岸、九州北部の都市住民の評判になり、中国自動車道を利用して大勢の観光客が訪れた。木製パズルも年間一億円を超える売り上げを記録し、順調に滑り出した。一方「匹見裏作グループ」は一九八五年に「匹見第三林業開発グループ」と名前を変え、工芸家の指導を受けながら「森の器」と銘打って轆轤《ろくろ》を使った盆、椀など広葉樹の加工・販売に乗り出した。

造林主体の「みどりの工場」から森林資源を活用した「木工の里」への転換—。

出雲町長のもと「村おこし」の波に乗って進められた匹見町の体質改善は一九八七年、出雲さんを破って当選した栗田久さんに引き継がれた。

　時代はリゾート開発ブームに沸き、同じ年に地元島根出身の竹下登首相率いる新政権が発足し、翌年「ふるさと創生一億円事業」が話題を呼ぶ。もともと林学が専門の栗田さんは、町政のキャッチフレーズに「森に生きる文化の郷づくり」を掲げ、地場資源開発、温泉掘削、滞在型リゾート施設整備に着手した。

華々しくデビューした「巨大メイズ」もいまは閑散としている

　昭和から平成へと元号が改まるころ、益田農林高校の分校跡地にウッドパークを建設し、温泉を掘り当てて宿泊施設を併設。対岸の巨大メイズ、木工創作館・ウッドペッカー隣接地に二〇億円もの巨費を投じて運動公園を整備、さらに裏匹見峡入口にレストパークを造成するなどリゾートブームにあやかって施設整備を進めた。
　今考えると、時はバブル絶頂期、「ジャパン　アズ　ナンバーワン」と言われて有頂天になっていたころだが、やがてこれら「木工の里」への挑戦は行き詰まりに直面する。

メイズと木製パズルによって「木とパズルの町」のイメージが定着し始めた一九九〇年代初頭、バブルがはじけた。ピーク時には二億円を超えたパズルの売れ行きは激減、メイズを訪れる客も落ち込んで匹見産業開発会社の経営が悪化した。追い打ちをかけるように会社の不正経理疑惑が浮上してイメージダウンは決定的になった。裁判の結果は無罪に終わったものの、もはや経営再建どころではなかった。もう一つの「第三林業グループ」は、「匹見第三林業加工協同組合」に衣替えして「森の器」の本格的な生産に乗り出したが、売れ行きが激減して製造を停止した。

とはいえ、バブル崩壊のあと匹見には巨大メイズ、木製パズルの「木工創作館」、さらには「第三林業グループ」の加工場などの施設、設備が残っていた。しかも、そこにはパズル製作や木製食器「森の器」加工の技術を習得し、製作に打ち込んできた人たちがいた。多額の補助金を支出して施設の開設や運営にかかわってきた匹見町とて、これらの建物や技術者を見捨てるわけにはゆかない。

益田市との合併前、一九九九年に町長に当選して栗田町政を引き継いだ斎藤惟人さんは、不運にも、これら「木工の里」の後始末を一身に背負うことになった。

まず、匹見の森林資源再発見の先鞭をつけた巨大メイズは民間へ売却。不正経理疑惑に揺れて倒産した産業開発会社の「木工創作館・ウッドペッカー」は二〇〇一年、「ウッドペッカー木工組合」に改組して木製パズル製作と展示・販売を引き継いだ。一方、「第三林業グループ」の「森の器」は、「匹見第三林業加工協同組合」が解散に追い込まれ、木工製品づくりにかかわった三人が「ひきみ森の器木工芸組合」を結成して轆轤、電動帯のこ、木材乾燥機などの設備を受け継ぎ、盆、椀、花瓶などの製作を続けてきた。

こうした一連の収拾の経過を見ると、一九八〇年代から始まった匹見町の「みどりの工場」から「木工の里」への転換は、バブル期までは順調に進んだものの、二〇〇〇年代前半までにことごとく行き詰まり、いま、規模を大幅に縮小してかろうじて命脈を保っている状態である。

バブル期から崩壊に至る間、三期一二年にわたり町政を担った栗田さんは、一九九九年の辞職にあたって次のように述懐している。「活性化への取り組み、新たな木工産業おこしは先駆的な取り組みとして高く評価されており、今後も特色ある地場産業として育成に努めてゆかねばならないと考える」(『匹見町誌』から要約)。

森林資源を地域づくりにどう生かすか――。厳しい試練に耐え続ける匹見にとって、依然として追求するに値する課題であろう。

第一〇節 「木工の里」を守る

匹見町が進めた「木工の里」づくりの最前線を担った「匹見産業開発会社」と「匹見第三林業グループ」はもうない。しかし、その礎を築いた木工職人たちの「技」が消えたわけではない。「産業開発会社」が手がけた木工パズルは「ウッドペッカー木工組合」の渡辺政則さん（一九六一年生まれ）が受け継ぎ、たった一人で製作を続けている。「第三林業グループ」の「森の器」は「森の器木工芸組合」に託されて大谷照行さん（一九六〇年生まれ）ら三人の職人が今も轆轤《ろくろ》を回している。

「木工創作館」を継承した木工パズルの渡辺さんは、パズル考案者から送られてくる図面を脇に置いて、板を慎重に裁断していた。パズル加工は高い精密度を要求される。裁断した木片を電動かんなできれいに仕上げ、それをさらに磨いて文字通り寸分の隙間もないように完成させなくてはならない。「機械仕事とは言っても、慣れるまでに二、三年はかかったなあ。なにしろパズルと言えば知恵の輪くらいしか知らなかったもんで」と笑った。

木製パズルづくりは、ニュージーランドの姉妹都市ワナカを訪れた商工会のメンバーが、メイズ（迷路）とともにもたらした技術である。一五センチ四方の枠の中にきっちりと納まった木片をばらばらに解体し、元通りに組み上げる。単純と言えば単純な遊びだが、三角形や四角形のピース（木片）をきちんと組み込むのは結構難しい。ピースの数が増えれば増えるほど難度は高くなる。パズルを趣味にしている人は世界中にいて、日本でもパズルの考案・開発を手掛けている人がいる。渡辺さんはそんな考案者のネットワークを頼りに製作を手掛け、地元はもちろん、全国の観光地やホテルの土産品店に送っている。

渡辺さんは地元の三葛《みかずら》で生まれ育ち、自衛隊員を経てUターンし、産業開発会社の発足とともにパズル製作の技術を学んだ。一九九〇年代前半までは生産・販売ともに好調で、パートを含め二〇人の従業員がパズルの仕上げ、箱詰めに追われた。しかし、九〇年代後半に入って「匹見パズル」ブームは冷え込み、売り上げもピーク時の四分の一以下に落ち込んだ。渡辺さんは会社のごたごた

「ウッドペッカー木工組合」でただ一人、木工パズルをつくる渡辺政則さん

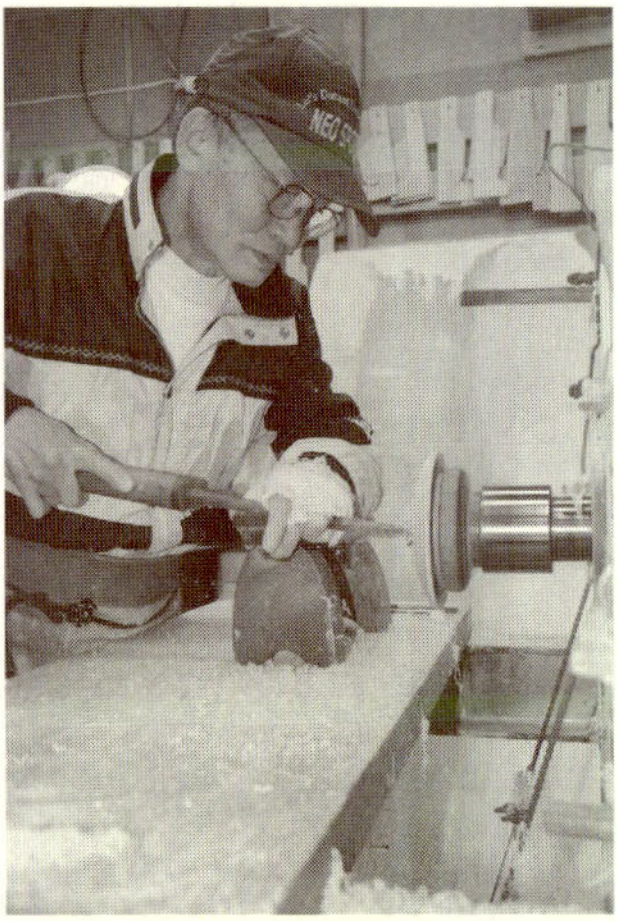

ワサビ専業から「森の器木工芸組合」で木工に転じた植田久夫さん

を横目で見ながら黙々とパズル製作を続けたが、結局廃業に追い込まれた。

「色んなことがあったが、せっかく手にした技術だけは手放したくなかった。細々とでもパズルを作り続けて『木工の里』を守りたい」と渡辺さん。ただ、残念なのはパズル製作に使う材料が地元で調達できないこと。悔しがるのも無理はない。パズルに使う木はホワイトアッシュと呼ぶ輸入材。時にトネリコ、タモなど国産材を使うこともあるが、すべて広島の廿日市木材市場で調達している。もともと「木工の里」の発想は地元森林資源の再発見だった。しかし、いま地元の木材業者は二社だけになり、木材の伐採、搬出といった「川上」の弱体化が進んで、とても「地産地消」というわけにはゆかない。

さて、もうひとつ、「第三林業」の流れをくむ「森の器木工芸組合」を取材していて、思わぬ人に再会した。轆轤を使って盆、椀、皿などを加工する三人の職人のひとり、植田久夫さん（一九四七年生まれ）である。一九八四年、中国新聞の連載『新中国山地』で、筆者がインタビューしたのが植田さんだった。当時は木工職人ではなく匹見特産のワサビ専業農家。「ワサビに生きる」と題して書いたころ、大阪からUターンして七年目の彼はまだ三七歳。娘の通学の便を考えて、八キロ離れた戸村の生家を離れ、役場近くに住まいを構えてワサビ栽培に打ち込んでいた。見出しに「谷開き畑物で勝負」とある。大雨で流されるリスクが大きい谷ワサビに代えて、山の斜面に畑を開拓し災害の少ない畑中心のワサビ栽培を目指していたのだ。

その彼がどういう経緯でワサビをやめて「森の器」の木工職人に転身したのか。遠回りを承知で触れておこう。

植田さんは『新中国山地』のコピーを懐かしそうに見入りながら言った。「あれから谷ワサビを二倍に増やして二〇アール、畑ワサビは一〇アール広げて七〇アールまで頑張った。値下がり分は量で稼ぐ算段だったが、だんだん重い荷をかるう（背負う）て山を上り下りするのがきつうなった」。大阪生まれの奥さんは、クマが出没するワサビ畑に近づこうとはしない。「一人では規模拡大も限界がある。体力も続かんし、これ以上は無理と思うて」ワサビに見切りをつけた。しばらく農協へ出たり、新聞配達でしのいだ。たまたま、母屋を新築して空いた元の家を、「森の器木工芸組合」に貸したのが転身のきっかけだった。

「毎日、仕事を見とると面白そうなんで、轆轤を回してみた。『よしこれだ』と」。二年ほど轆轤の使い方、道具の作り方や研ぎ方を学び、一九九七年に木工職人の一員になった。「ワサビをやめて二〇年、五〇歳で木工を始めてもう一〇年。少しは仕事の面白さもわかっ

「森の器木工芸組合」代表の大谷照行さん（左）と長老格の寺戸憲一さん

てきたんで、もう道に迷うことはないじゃろう」。戸村の生家は解体し、墓地も五年前に自宅近くに移した。すでに還暦を過ぎた植田さんは、轆轤で生きるハラを決めた。

　植えて育てる第一林業、伐採し搬出する第二林業、それに続く木工を「第三」と位置付けて夢を追った「第三林業グループ」は、一〇〇種を超える広葉樹を活用したいとの思いを込めて「匹見一〇一」のネーミングでブランド化を目指した。その一翼を担ったのが、いま「森の器木工芸組合」代表を務める大谷照行さん（一九六〇年生まれ）と長老格の寺戸憲一さん（一九二七年生まれ）だった。大谷さんは工業高校を出て大阪に就職し、家を継ぐためにUターン。しばらく益田市の電気会社で働いた後、知人に誘われて「第三林業」へ。寺戸さんは足踏み轆轤の経験を買われて加わった。

　植田さんを含め三人の木工職人は、大谷さんが取り仕切る組合への注文に従って轆轤を回す。注文に応じて無垢のままで出荷したりニスを塗るなど「森の器」は根強い需要がある。大分県の湯布院、石川県の金沢など観光地からの受注も固まってきた。しかし、一九九〇年代のブームには遠く及ばない。「いまは高望みせず、しっかり技を磨いて『森の器』の評価を高める時だ」と心に決めている。

ただ、大谷さんや植田さんが轆轤に向かいながら矛盾を感じるのは、木材の流れである。木工パズルの渡辺さんもそうだったが、彼らが加工に使う木材は広島の木材市場から運ばれてくる。「森の器」で主に使うのはミズメ、トチ、ブナといった匹見にいくらでもある樹種なのに、地元で調達できない。

その理由はこうだ。いま匹見の広葉樹はほとんどパルプ材として流通する。パルプ材は搬出コストを下げるため、木工に適した老木がある奥山には目が向きにくい。たまたま老木を伐採しても、銘木を扱う市場が地元にないため広島へ運ばれる。なんのことはない、たとえ木工に適した匹見産のミズメやトチでも、いったん広島へ送り、競りにかけられて再び匹見へ戻ってくる。「市場からくる材木はどこで育った木かわからん。匹見かもしれんしよその木かもしれん。それが一番情けない」と大谷さん。

かつて、木工を生業とする木地師と呼ばれた職人たちは、轆轤を背負って山に入った。そこに小屋掛けして伐採、玉切り、粗割り、加工の工程を経て半製品にしたものを運びおろした。昭和に入って次第に材料を運んできて自宅で加工する方式に変わったといわれるが、高度経済成長期に木工食器がプラスチックに取って代わられて、山村で続いてきた木地師集団の多くは消滅した。木地師の集落には食器類に漆を塗る職人がいたが、これも漆を採取する職人と共に姿を消した。

こうした長い歴史とともに歩んできた一連の「技」が途切れた現在、電動の轆轤を使った加工部門だけが復活しても、それが根をおろすのは容易ではない。とはいえ、目の前にある森林資源が、市場原理にしたがって川上と川下を行ったり来たりする矛盾は、座視するにしのびない。木工パズルにしろ、「森の器」にしろ、資源再発見を合言葉に手にした職人の技を守り育てる意味でも、木材の流れの是正は急務であろう。

第一一節　ワサビ再興の夢

一、〇〇〇メートル級の山々に抱かれた匹見町の耕地は全面積の三・八％しかない。人々はそのわずかな農地で米と野菜をつくり、あとは木炭を中心とする山仕事、つまり農林複合で暮らしを支え続けた。そんな営みの中で特異な位置を占めてきたのがワサビである。広葉樹の深い森と、森が蓄える豊かな水が質の高いワサビをはぐくみ、関西市場で「匹見ワサビ」の名声を得てきた。匹見の人たちが「芋」と呼ぶワサビの根茎は「負いかご一杯一〇万円」と語り継がれる。鮮やかなグリーンの根茎はまさに「緑のダイヤ」と呼ぶにふさわしい自慢の産品だった。

『匹見町誌』によると、昭和初期の最盛期には栽培面積一五〇ヘクタール、年間生産量八万貫（約三〇〇トン）と県内シェアの九〇%を占め、現在の金額にして一一億四、〇〇〇万円の生産高を誇った。戦時中は労力不足、需要の減退で生産量は大きく落ち込んだが、戦後、経済の復興に伴い食生活が向上するとワサビ生産も伸び始め、再び関西市場で評価を高めた。「負いかご一杯一〇万円」は一九五〇年代半ばに始まる高度経済成長期のことである。

「匹見ワサビ」は、すりおろした時のきめ細かさ、粘り、風味、それに口に入れた時、辛みの後に残るほんのりとした甘さが最大の特徴。地元の生産者から「大先生」と呼ばれる笹山のワサビ農家・小川定信さん（一九三四年生まれ）は「生産量では静岡、長野に及ばんかもしれんが、匹見ワサビがほかと違うのはピリ辛の後の甘み。これは技術ではなく匹見の森林と水のおかげじゃ」と自然の恩恵を口にする。

一九六〇年代後半、ワサビの芋（根茎）だけでなく粉ワサビ、練りワサビ、ワサビ漬け、ふりかけなど加工商品も流通するようになった。それまで捨てられていたワサビの葉や茎、それにヒゲ根も加工用として売れる。つまり毛根から葉っぱの先までワサビのすべてが商品価値を持ったのである。

その結果、ワサビづくりも大きく様変わりした。最大の変化は畑ワサビの普及だろう。渓流の水を利用して育てるのが常識だったワサビが、狭い谷奥ではなく平坦地を利用して栽培されるようになったのだ。渓流で栽培されるワサビを谷ワサビ（沢ワサビ、水ワサビとも）と呼ぶのと区別して、陸上で育てるワサビを畑ワサビと言う。谷ワサビは従来通り青果市場へ出荷されたり、料亭、すし店へ直送されるが、畑ワサビはほとんど練りワサビ、ワサビ漬けなどの加工業者に回る。

畑ワサビの普及は、流通形態とともに栽培農家に大きな変化をもたらした。ワサビ農家が最も恐れる水害から解放されたうえに、栽培にかかる労力が大幅に軽減され、労働力に応じて規模も拡大しやすい。価格面では谷ワサビに遠く及ばないが、畑なら高齢者でも栽培できる。

小川さんによると、谷ワサビは北向きの渓流の適地を見定めてまず試験栽培し、結果が良ければ手のひらほどの石を敷き詰めて圃場を整え、苗を植える。圃場の脇には大雨で苗が流されないよう、大きめの石を積み上げて水はね（排水溝）をつくる。こうして苗を植えて一年半でワサビを収穫する。しかし、豪雨に見舞われるとワサビは圃場の石ごと流されてしまう。そうなると石を積んで圃場の復旧からやり直し。「短気もんにはワサビは向かん」と小川さんが言うように、谷ワサビは根気と忍耐力のある人だけに恵みをもたらす。

その点、畑ワサビは日陰になる樹木を残しながら山の中の平坦地を開墾し、苗を植えれば育つ。あるいは山際の休耕田や野菜畑でも、遮光ネットを張って直射日光を防げば栽培できる。「大水の心配をせんで済むし、石を敷き詰めたり積み上げる重労働はないし、何より谷ワサビのように重い荷を背負うて歩かんですむのがええ」と小川さん。高津川流域の品評会はもちろん、全国大会や県大会で受賞歴を誇る小川さん自身は、谷ワサビにこだわり続けてきた。それでも「匹見ワサビの将来を考えれば、畑ワサビの質を高め、量を増やすことが大事」と畑栽培に期待する。

　匹見で畑ワサビが普及し始めた一九七〇年代前半、栽培面積は一気に広がって谷ワサビとほぼ半々、八〇年代に入ると谷ワサビは高齢化による耕作放棄で栽培者、面積ともに減少する中、畑ワサビは順調に増え続けて優勢になった。一九八七年の生産量は谷ワサビ四五トン（生産額六、三〇〇万円）に対し、畑ワサビ九八トン（同七、四〇〇万円）、一九九八年は畑ワサビを中心とする加工用九八トン（生産高五、〇〇〇万円）、谷ワサビの根茎二トン（同九〇〇万円）＝以上いずれも『匹見町誌』＝と、匹見ワサビの主流は完全に畑ワサビに移った。

匹見自慢のワサビ
(匹見町産業祭で)

　そんな趨勢を見据えながら匹見町はワ

サビ振興策を講じてきた。振興策のねらいは二つ。一つは伝統ある匹見ワサビ、つまり高級な谷ワサビを維持するための「わさびバイオセンター」による苗の開発と供給、もう一つは畑ワサビ主体のワサビ団地造成による生産量の拡大である。

一つ目の柱である「わさびバイオセンター」は一九八九年、益田農林高校匹見分校の跡地に開設した。バイオ技術を利用してワサビの生長点の切片を試験管で培養し、それを育苗センターに移して、三〇センチ前後に育ったものを農家に供給する。従来の株分けだと親株からとれる苗はわずかだが、バイオ苗は同じ形質を持つ苗を数千本単位で育てられる。また実生《みしょう》苗は手間がかかるうえに他家受粉により形質が変化するという難点があった。しかし、バイオ苗は根茎の大きさ、耐病・耐菌性、それに「風味、辛味、甘味」という匹見ワサビの特徴を備えたワサビを確実にしかも大量につくり出せる。こうして生まれたバイオ苗は小川定信さんら地元農家で試験栽培され、大きさ、色、風味ともに高く評価されて、関西市場で従来の二倍近い高値となった。

ただ、最大の難点は一本二七〇円という苗の値段である。株分け苗であれ実生苗であれ、従来は農家が自ら育てた。つまり苗はタダだった。「苗を買う」という意識がもともとなかったのだから、いい苗だと分かってはいても農家はなかなか踏み切れない。初めのうち珍しさもあって町外を含めて年間三万本前後さばけたが、年々売れなくなり、二〇〇五年にはついに一万本を割り込んだ。慌てた匹見町と農協が一本二〇〇円を助成してバイオ苗の普及に乗り出したものの、有料苗への農家のためらいは予想以上に根強い。

もう一つの柱であるワサビ団地は、西中国山地国定公園の真っただ中、三葛地区から八キロ近く上った広高山（一、二七一メートル）の八合目、標高一、〇〇〇メートルの緩斜面に造成された。二〇〇二年から作業道の建設とワサビ畑（一〇ヘクタール）の造成が始まり、合併後は益田市に事業を引き継ぎ、すでに完成して分譲も行われた。高齢化したワサビ農家に新風を吹き込む意味でも、新規就農者への期待を込めた事業だったが、実際に手を挙げたのは地元の土建業者。公共事業の減少に伴い多角化の道を模索する過程で、自らも造成工事にかかわった前田建設の前田富雄さん（一九三三年生まれ）が三ヘクタールを一〇年契約で益田市から借りて畑ワサビづくりに乗り出した。

祖父がワサビ農家だった前田さん、まず一・五ヘクタールの造成地に苗を植えたが思うように育たず、「この四、五年は試行錯誤の繰り返しじゃ」と苦笑い。それでも畑にバーク堆肥を入れたり牛糞を混ぜるなど土づくりに専念。さらに、自宅そばに水耕栽培の育苗施設を作るなど、本業は息子さんに任せてワサビに情熱を傾けている。

官民挙げてワサビ再興に期待をつなぐ匹見だが、高齢化に伴う栽培面積と生産量の減少は歯止めがかからない。最盛期には三〇〇戸、一五〇ヘクタールを超えたワサビ栽培は、二〇一〇年時点で一六〇戸、一六ヘクタール（谷ワサビ一ヘクタール、畑ワサビ一五ヘクタール）まで落ち込んだ。それに追い打ちをかけるように地元を直撃したのがワサビ価格の急落。たとえば、匹見が誇る芋（根茎）ワサビはキロ当たり一万円が相場だったのに、二〇一〇年には一気に二、〇〇〇円まで下落した。加工業者から買いたたかれやすい畑ワサビは、地元民が「手間賃も出ん」と言うほどの安値である。

「ワサビはかるう（背負う）てなんぼ、歩いてなんぼ」。匹見を訪ね歩いて、お年寄りからそんな苦労話を幾度となく聞いた。背負いかごに苗や芋を入れて急な山道を上り下りする重労働。農業機械は受け付けず、人力だけが頼り。代々続いてきた営みと森の恵みに感謝しようと、小川さんらは一九八二年、地元のワサビ農家に呼びかけて大神ケ岳（一、一七〇メートル）の中腹に「山葵《わさび》天狗神社」を建てた。全国でただ一つワサビの名を冠したこの神社には、匹見ワサビ再興への熱い願いが込められているのだが…。

第一二節　ワサビIターン

長靴に作業手袋の宮川順平さん（一九八一年生まれ）は、林道（三坂八郎線）下の渓流沿いに拓いた一〇アール足らずの畑で、ひとり黙々とワサビ苗を植えていた。畑を囲む木々はすっかり葉を落とし、渓流を覆う木々の枝で谷間は昼でも薄暗い。宮川さんがワサビ栽培の道に飛び込んで一年半余、初めて自ら手掛けるワサビである。「研修で学んだ知識はあっても、それが通用するかどうか。しばらくは先生の指導を受けながら手探りでやるだけです」。淡々と語る間も両手は動き続ける。

宮川さんが「農業」「ワサビ」「匹見」と出合うきっかけは、奇縁と呼ぶにふさわしい幼なじみの若い僧侶の導きだった。

僧侶の名は匹見の善正寺住職・斎藤友法さん（一九八六年生まれ）。広島市東区で生まれ育った斎藤さんは二〇〇八年、遠縁に当たる善正寺を継いだ。広島で斎藤さんを誘ってアマチュアの音楽バンドで活動していたのが宮川さんである。二人は父親同士が同じ職場、住まいも近所という幼友達だった。音楽を志して東京の専門学校に進んだものの、卒業後は音楽とは無縁の運送会社に勤めた。広島に帰って二〇〇七年に斎藤さんらと音楽バンドを結成。ライブ活動をしながら祖母の畑仕事を手伝ううち、農業へのあこがれが徐々に膨らんだ。

その思いを、住職に就任したばかりの斎藤さんに打ち明けたところ、匹見の農林業就業支援制度を紹介され、「ワサビ」の一言で研修への参加を決意した。

二〇〇九年春から一年間、わさび生産組合の斎藤敬組合長（一九五四年生まれ）のもとで畑ワサビの花芽摘み、出荷、草取り、種まき、苗管理など一連の栽培過程の研修を受け

自ら拓いた畑にワサビ苗を
植える宮川順平さん（笹山）

た。研修の途中で妻の有衣さん（一九八四年生まれ）を呼び寄せ、二〇一〇年春には長女も生まれた。研修を終えた彼は、前節で紹介した「大先生」小川定信さんの世話で、ワサビ畑用の山林を借りて独立を果たした。とはいうものの、まだワサビ農家の一年生。「小川先生の谷ワサビの仕事を手伝いながら、少しずつ栽培のノウハウを学びたい。間もなく義母もこちらへ移ってくるので頑張らなくては」と謙虚に語る。

小川さんが宮川さんを「弟子」として迎え入れたのには理由がある。小川さん自身すでに喜寿を過ぎ、丹精込めて築き上げた谷ワサビの維持管理に限界を感じ始めているのだ。「息子は後を継ぐ意思がないようだし、せっかく守ってきたワサビ谷を荒らすに忍びん。若い人が教えてほしいと言えば、知っとることはみな教える」。小川さんは宮川さんらIターン青年に匹見ワサビの未来を託すつもりだ。

ワサビに夢を託してIターンした若者は宮川さんのほかにもいる。それを説明するには、筆者が目撃したエピソードを紹介しておくほうが早道だろう。

二〇一〇年の晩秋、匹見へ向かう途中、たまたま目にした光景が筆者の目に焼き付いている。通い慣れた国道一九一号を広島側から臼木谷へと下るとき、老夫婦二人だけのはずの秀浦葛志さん（一九二八年生まれ）宅の庭先で、若者三人が雪囲いを取りつけているのが目に留まった。秀浦さんとやりとりしながらてきぱきと作業する三人。聞けば宮川さんと同じようにワサビ栽培でIターンし、秀浦さんの休耕田を借りて畑ワサビをつくる仲間だった。

埼玉生まれの木暮貴之さん（一九七五年生まれ）、長野生まれで京都からIターンした安藤達夫さん（一九六三年生まれ）、奈良出身の中耕三さん（一九五七年生まれ）。いずれも農林業就業研修で一年間、ワサビ栽培のノウハウを学び、ワサビづくりの夢を追う。

木暮さんらは、秀浦さんがワサビ畑を快く貸してくれ、日ごろ何くれとなく相談に乗ってくれるのを恩義に感じて、雪囲いの設置を引き受けたと言う。作業を終えた後、秀浦さんが「これから冬用のタイヤ交換に行くんじゃ」と口にしたら「オレたちでやってあげるよ」と言い、あっという間に軽トラックのタイヤをスタッドレスに取り換えた。「すまんのう。助かったよ」という秀浦さんの声を聞き流しながら、三人は引き上げていった。彼らを見送った秀浦さんは、手を合わせんばかりに喜んだ。「この辺には若いもんがおらん。ワシは腰を痛めとるし、冬の準備をどがあしょうやらと思うとった。都会から若い人が来てくれてほんに助かっとる。ありがたいことじゃ」。

秀浦葛志さん（左端）宅の雪囲いをつくるIターンの（左から）安藤達夫さん、木暮貴之さん、中耕三さん。一段上にワサビ畑が見える（臼木谷）

木暮さんには、改めて会った。妻の薫さん（一九八〇年生まれ）、二〇一〇年四月に生まれたばかりの娘・琹ちゃんと三人で、空いた公務員住宅に住んでいる。中華料理のコック、ガソリンスタンド店員、音響・映像関係の仕事を転々とするうち、「田舎暮らし」「農業」「ワサビ」と夢が膨らんだ。妻の薫さんはスペイン留学の経験があり、卒業後は大規模な博覧会などイベントの企画・運営会社で働いた。彼女もまた「東京暮らしに疲れて」居場所を模索していた。二人は「ワサビ」をキーワードに、インターネットでチェックし、たどり着いたのが匹見だった。宮川さんと一緒に研修を受け、二〇一〇年に独立。「東京と違いここでは皆さんがゆったりと助け合って生活している。自然と向き合い、落ち着いた暮らしが何よりいい。お世話になっている匹見の人たちへ恩返ししながら、谷で立派な芋（根茎ワサビ）を育てたい」。木暮さんは田舎暮らしの一年余を振り返り、夢を語った。匹見にはもう一人、音楽仲間の宮川さんに紹介されて広島からIターンした木村武志さん（一九八三年生まれ）、麻美さん（一九八五年生まれ）夫妻がいる。これでワサビIターン青年は五人になる。

彼らに共通するのは、平凡な表現ながら、自然に包まれた農業へのあこがれだろう。益田市匹見総合支所が県外の若者向けに用意した「農林業就業研修制度」(一年間、月額一〇万円の生活費助成)、それに住まいの斡旋というのも魅力だったかもしれない。だが、話していると、何か心の渇きから解放されたような安らぎが感じられる。「生活」とか「家族」といった分別くささを超越したところで、人間らしさを失いたくない、あるいは取り戻したいという強烈な衝動を抑えきれず、匹見に飛び込んで来たとでも表現すればよいのだろうか。そんな生き方の延長線上に、先に触れた老夫婦の家の雪囲い設置、冬用タイヤへの交換といった思いやり、いたわりの行動があるのだろう。

匹見ワサビの再興が容易でないことは、ワサビ農家自身が一番よく知っている。往時のワサビ自慢を聞かせてくれる達人たちは例外なく「ワサビはやっぱり芋でないといけん」と言う。畑ワサビは、釣りに例えれば「外道」と言わんばかりの口ぶりなのだが、残念ながら谷へ通う体力がない。一六〇人のワサビ農家の平均年齢はすでに七〇歳を超え、そのうちワサビ専業といえば一〇指に届かなくなっている。

東京からUターンして一二年、父の後を継ぎ、「大先生」小川さんに教わりながらワサビ専業で生きる斎藤佐登志さん(一九三九年生まれ)に会った。

「戻った直後に水害に遭い六〇アールの谷が全滅した。五年前、静岡へ研修に行って、見た目は静岡だが味は島根だと確信した。Iターンの若い人には、畑をやりながら技術を深め、できれば高齢者の谷ワサビを受け継いで、伝統ある匹見ワサビを守ってもらいたい。匹見ではぼくは若手なので、自分も頑張りながら、できるだけの援助はする」。古希を過ぎてなお「若手」を自任する斎藤さんは、重労働を軽減するため自ら重機を操って作業道を開き、ワサビ谷に車が入るよう手を加えた。小ぶりな芋はお客が自分ですりおろして使うことを念頭に、旅館や料亭、そば屋さんに直送したり、花芽を加工するなど販路の開拓にも知恵を絞ってきた。こうした地道な努力が、匹見ワサビの経営に新風を吹き込み、やがて若者たちがそれを受け継ぎ、さらに改良の手を加えて行く。そんな積み重ねをIターンのワサビ青年たちに託したい。

第二章　新しい血
―島根県邑智郡

島根県邑智郡は中国山地の真っただ中、江の川中流域にあって広島県と境を接する。平成の大合併までは川本町を中心に桜江町、石見町、瑞穂町、羽須美村、邑智町、大和村の七町村だったが、桜江は江津市に編入、石見・瑞穂・羽須美が邑南町に、邑智・大和が美郷町となり、川本だけが合併から取り残された。石見地域の多くがそうであるように、

邑智郡位置図

邑智郡に暮らす人たちの目は県庁所在地の松江よりも広島に注がれ、広島経済圏に属する。

石見人はあけっ広げでおおらか。同じ島根でありながら、言葉も気質も出雲とはまるで違う。初対面の二言三言で石見人か出雲人か見分けられる。そんな石見だが、県庁の出先、警察、教育現場などでは出雲弁が幅をきかせる。東西に長い島根で、明治以降一〇〇年以上にわたって出雲人が優位を占めてきた歴史は、石見人にある種のコンプレックスを抱かせ続けた。逆に言うと、石見は出雲文化に抗いながら独自の道を歩んできた。

邑智郡内を歩くと、「石見流で生きてみせる」という内に秘めた気概を感じる。外から見ると無謀とも思えるようなことを「失敗したら別の道を考えりゃええ」と臆することなく実行に移す。地元では「やることも早いが、やめるのも早い」と自嘲気味に言うが、なかなかどうして、外から導入した「新しい血」をうまく生かして自立への挑戦が続く。

第一節　「香木の森」の二〇年

邑南町役場がある矢上盆地の山麓に広がる「香木の森」は、植物の香りを楽しむというユニークなテーマを掲げた公園である。一九九一年、広島―浜田を結ぶ浜田自動車道の開通に合わせて旧石見町時代に開園し、二〇一一年で二〇年を迎えた。五ヘクタールの緩斜面を切り開いて二五〇種のハーブを育て、年間一五万人の来園者をさわやかな香りで包む。この二〇年、園内と周辺には温泉・宿泊施設、レストラン、バンガロー、グラウンドゴルフ場、ミルク工房など集客施設が次々と整備されてきたが、あくまでもメインとなるのは「香り」をテーマにしたハーブガーデン、クラフト館、グリーンハウス（温室）である。

「香木の森」を一躍有名にしたのは、しゃれた建物ではない。それは開園から二年後にスタートした研修制度だった。全国から若い女性を公募し、一年間ハーブの栽培、加工を実

「香木の森」位置図

ハーブをテーマに揚げる「香木の森」公園

地に学ばせる。「香賓館」と名付けた宿舎（家賃月三万円）で共同生活を送りながら、月々一三万円の実習報酬をもらってハーブの知識と技術を身につける。

女心をくすぐるこのソフト事業、希望すればだれでも研修生になれるわけではない。毎年六―四人の定員に対して、はじめの七年間は一〇倍を超える応募があった。二〇一〇年までの応募総数が七四二人というから、平均競争率は四・二倍という難関である。「卒業生」はすでに一一六人を数え、六年間限定で実施した短期研修を含めると一七七人が巣立った。北海道から沖縄まで、研修生の出身地は二五都道府県に及ぶ。

この研修制度、応募対象を「おおむね二二歳から三五歳」に限定したことでもわかるように、あわよくば一年間の研修中に地元の男性と恋が芽生え、定住してほしいという願望、あからさまに言うと下心が見え見え。これに対して研修生ははじめのうち「私たちはハーブを学びたいだけ。定住なんてムリ」と一様に拒否反応を示していた。町内でもこうしたミスマッチを危惧する声が圧倒的だった。

ところが、である。研修を終えて「矢上に残りたい」という卒業生が、一人また一人と出始めた。そのまま居ついて不安定ながらも職を得て働き始める女性、いったん出身地へ帰ったはずなのに再び矢上盆地に舞い戻ってくる女性…。さらには地元の男性と結ばれて定住する卒業生も現れて、「香木の森」を見る町民の目はすっかり変わった。

正月飾りをつくる研修生（2010年12月）

数字でそれを示すと次のようになる。この二〇年、結婚や就職で邑南町に住みついた卒業生が二二人、うち一七人が地元男性と結ばれた。隣町などに定住した八人を加えると、県外からの研修修了生三〇人が島根県内にとどまっている。当たり前のことだが、彼女たちが結婚すれば子どもが生まれる。町内で生まれた、いわば「香木の森キッズ」は二九人、島根県内定住者の子どもを合わせると三六人になる。

短期研修を含む一七七人の卒業生のうち県内定住者三〇人といえば、「歩留まり」がさほど高いわけではない。しかし、いうまでもなく、研修制度がなかったら彼女たちが島根に住みつくことは決してなかったし、まして三六人の子どもが生まれることなどあり得なかった。

これまで若者を都市へ送り出す一方だった中国山地で、若い女性たちが自らの意思で一年間の田舎暮らしを志願し、その中からほぼ毎年一人の定住者がいて、結婚、出産までしてしまう。これは、どう考えても普通ではない。一年の研修期間中に彼女たちの心を動かす何かがあったに違いない。別の言い方をすると、結婚、定住を決断させるだけの磁力が、この地にはあった。

「ハーブって何だろう」「ちょっとだけ田舎暮らしを」「自分探し」―。さまざまな思いを抱いて応募し、選ばれた見ず知らずの女性たちが、一年三六五日、寝食をともにしながらハーブの種まき、植え付け、水やり、草取り、せん定、そして収穫、加工を学ぶ。ハーブを使った料理実習、自分たちの野菜づくり、園芸福祉活動、地域の田植え・稲刈り実習、祭り・伝統行事への参加など研修プログラムは多彩である。

手元に、研修事業一五周年を機に役場と歴代研修生が共同編集した『カモミールの風』と題した三〇ページほどの記念誌がある。日本ファッション協会主催の「日本クリエイション大賞二〇〇六『地域活性化賞』」の受賞を記念して、一期生から一五期生の回想や所感が、写真と共に綴られている。それを読むと、彼女たちが「香木の森」で過ごした一年間がどのようなものであったかが垣間見える。ちなみに記念誌のタイトルにあるカモミールとは、リンゴのような甘い香りを放つヨーロッパ産のキク科のハーブ。ハーブティー、入浴剤、染色などに用い、「香木の森」では研修生のきずなを象徴するキーワードとなっている。

たとえば一九九五年度の第三期研修生は、以下のように当時を振り返っている。

「あの一年は毎日がキラキラしていました。大切な出会いがありました。楽しかった日々が、今でも鮮明に思い出されます。私たちの宝物です」

また八期生（二〇〇二年度）はこう書いている。

「まるで家族のように過ごした日々。色んな方々との出逢いをたくさんもらいました。ハーブの香りにつつまれながら、一緒に種をまき育てていく。それと同じように、この町の人々の温かさに触れ合う中で、自分の大地の土を耕していた気がします」

おそろいの実習着、クリスマス・お正月飾り作り、ハーブティーの飲み比べ、豆腐・こんにゃく・味噌作り実習、手作りの野菜を掲げる誇らしげなポーズ、誕生パーティー、麦わら帽子に長靴姿の田植え…。記念誌のページをめくると、彼女たちを支えた職員、指導に当たった講師や農家の人たちの姿もある。研修生が記念誌に綴った「出会い」とは、そういう人たちはむろん、四季の移ろいや彼女たちを温かく包み込んだ多くの町の人たちを指すのだろう。

二〇年余の人生で初めて味わう人と人との素朴で開放的なつながり、都会生活にはない時間のゆったりとした流れ、土や自然を肌で感じる心地よさ、植物を育て収穫する喜び…。そうした体験の積み重ねが、彼女たちの心を揺さぶり、ついにはこの地に住みつく決断をさせたのだろう。

そんな修了生たちを訪ねて車を走らせた。

第二節 「第二の故郷」

「香木の森」第五期研修生の高垣(旧姓木暮)桂子さん(一九五三年生まれ)に会ったのは、邑南町矢上の特別養護老人ホーム「桃源の家」の一室だった。子どもの手が離れて管理栄養士の資格をとり、七年前から町内の老人福祉施設で働き始めた。「桃源の家」が定住して三カ所目の職場になる。田舎とは全く無縁、東京生まれの東京育ち。

都会にはあれほど人があふれているのに、家族と勤め先以外は見知らぬ他人。オフィス勤めの日々。「東京暮らしは性に合わない」という思いを募らせ始めたとき、研修生募集を知り、勢いで応募して『香木の森』に入った。

「いやになったら帰ればいいや、という軽い気持ちだったんです」。研修が始まってほどなく東京のテレビ局が、関東だけに流れる番組の取材で「香木の森」へ来たことがある。番組のタイトルは『ハーブの里の嫁さがし』。彼女はそのインタビューに「田舎へ嫁ぐなんて、絶対そんな積もりはありません」と答えたのをはっきり覚えている。「あのころは本当にそう思っていたんです。でもここへ来て二年後に結婚しちゃいました」。いま小学生の男の子が二人。「夫ですか。地元の電気店で働いています。『香木の森』に電気設備の点検や修理で出入りしていて知り合って…。まさかこんなことになるなんてねえ」。彼女は笑いながら邑南町での一四年を振り返った。

定住して栄養士として働く高垣桂子さん

「一年の研修は瞬く間で、終わってみると東京に帰りたくない自分がいて…。無理やり頼み込んで『香木の森』で働かせてもらいました。あの一年で私自身の生き方を絞り込めました。ここでなら暮らしてゆけそうだ、と。今思うと人生でいちばんの転機でしたね」。
野菜も豆腐もこんにゃくも味噌も手作り。食品は店で買うものという東京の常識がここで完全に覆った。実習を通してそれを学んだ。作り手がだれかわかる。あるとき、熱を出して寝込んでいたら、うどんを作ってきてくれたこともある。うれしかった。時におせっかいでうっとうしいと思うこともないわけではない。でも田舎はそれで成り立っていると分かった。気にかけてくれるだれかがいる。あれこれ不便もあるが、血の通った人間の息遣いを膚で感じた。東京で味わった「無縁社会」への漠然とした不安を、ここでは感じなくてすむ。それが心地よかった。

研修中に見た神楽、虫送り、田植えばやしといった伝統芸能に地域のきずなを感じた。結婚してほどなく地元の「矢上大元神楽団」に入れてもらい、いまも横笛を吹いている。「息子も、子ども神楽やってるんですよ。私と息子の晴れ姿を見に、両親が東京から来てくれました」。お盆に子どもと里帰りした。「みなさん東京から地方へ向かいますけど、私の『田舎』は東京でしょ。行きも帰りも新幹線はがらがら。変な感じですね。しばらく東京にいると、子どもは喜びますが、逆に私はここへ帰りたくなるんです」。

実は、高垣さんが勤める「桃源の家」には、同じ五期研修生で埼玉県出身の折笠（旧姓渋谷）有紀さん（一九七一年生まれ）も働いている。邑南町の農業研修生として野菜作りを学んだ同じ埼玉出身の毅さん（一九六九年生まれ）と結ばれ、夫婦でこの地に定住した。農地を借りて野菜専業を目指したが、安定した収入を求めて六年前、老人介護に携わるようになった。彼女もまた二児の母である。毅さんも他で働きながら野菜づくりの夢を追い続けている。

もう一人の定住者、高垣さんや折笠さんの一期先輩（四期生）に当たる中田（旧姓中沢）夕佳さん（一九六三年生まれ）には、邑南町役場の隣にある町営住宅で会った。この住宅には地元に定住した研修生が中田さんを含めて五人いる。彼女は、京都でウエディングドレスの縫製を八年続けた一九九五年、阪神淡路大震災に遭遇。仕事を辞めてボランティア活動に従事する一方で、有機農業への夢を膨らませていた。そんな時、新聞の片隅に載った「ハーブ研修生募集」の記事を見て即座に行動を起こした。

「研修生になってから、先輩たちの活動を伝える新聞切り抜きを見て誇りに思いました。同時に私たちの一挙一動に注がれる地域の熱い期待を強く感じました。研修を指導するスタッフも真剣そのもの、本当に充実した日々でした。もちろんハーブも学びましたけど、何よりうれしかったのは、『香木の森』の外で実習する時に出会う町の人たちの飾らない温かさでした」。

研修を終え、役場が開いた有機農業実験農場に入り、空き家を借りて四年間、あこがれの有機農業に打ち込んだ。しかし現実は夢のようにはゆかない。生産目標を達成しようとすれば肥料、農薬にも頼らざるを得ない。その間、関西からUターンした測量技師の青年と出会い結婚。「香木の森」職員として一〇年間働いて二〇一〇年暮れに退職した。

「地元に残った研修生はたくさんいますが、『香木の森』にかかわった年月は恐らく私が一番長いでしょう」。研修生としてまたスタッフとして、中田さんは「香木の森」二〇年の歳月の半分以上を自分の目で見てきた。そんな彼女はこの数年「研修制度が岐路にあるのではないか」という危惧を抱くようになった。

それを雄弁に示すのが研修生の採用動向である。二〇〇七年の一五期生以後毎年、研修生が二人、四人、四人、四人と連続して減り続けているのだ。応募はあるのだが、志望動機が採用条件とかけ離れていたり、研修に耐えられそうにない志願者が目立ち始めたという。そして二〇一一年度は一人しか採用できなかった。

「そばで研修生を見ていて、定員割れの数年前から徐々に変わり始めたように思います。『何に興味があって、何をしたいのか』という目標があいまいになっているのかな？　休日も宿舎から出ようとしない。町の人との触れ合いを避けて、せっかくの研修なのに自分の殻に閉じこもる。もったいないな、と思うんです。すぐそばの宿舎にいながら、平気で遅刻したり休んだり。それでいて月々の実習報酬は当たり前のように受け取る。研修生が減っているぶん、甘やかされているのかな？」

二〇年を経てハーブというテーマそのものの限界なのだろうか。

「確かにハーブやガーデニング熱は下がったかもしれないけど、香りの文化は国境や世代を超えて受け継がれてきたものでしょ？　二〇年やそこらで消えるはずはない。むしろ、もっともっと深めて行きたいくらいですよ」。中田さんは語気を強めた。

あるいは、研修制度そのものへの関心が薄れたのか。

「テレビや新聞で取り上げられる機会は、確かに減りましたね。そのぶん地域で話題になることも少なくなって、研修生に注がれる視線はひとところまでとは変わりました。かつて地域とともに組み立てられていた研修プログラムのマンネリ化ですかね。それと、香りの文化について情報発信力をどう高めるかが課題でしょう」。

旧石見町の松本潤町長（一九九六年死去）が提唱し実現させた「香木の森」は、町村合併による地域バランスという微妙な問題をはらみながらも、中国山地のど真ん中に若い力を根付かせた。中田さんは自らの体験を振り返りながら、「せっかくの施設と制度がもったいない」と何度も繰り返した。

第三節 「第二の故郷」の記憶

「香木の森」研修生の大部分は、一年間の研修を終えて都会へもどり、それぞれの道を歩いている。出身地でオフィスに復帰した人、しばらく研修地に滞在して新天地へ旅立った人、体験を生かして庭園に職を得た人。むろん、一期生がすでに四〇歳を過ぎていることでも分かる通り、多くの卒業生は夫や子どもと暮らしている。そうした彼女たちに共通するのは、研修が取り持つ縁で第二の故郷となった邑南町に寄せる強烈な郷愁である。

広島で二人の卒業生に会った。一期生で広島市安佐南区に住む主婦の菊池（旧姓柿本）安芸子さん（一九六五年生まれ）、それに広島市に隣接する山県郡北広島町（旧豊平町）でカフェレストランを営む六期生の坂和栄子さん（一九六〇年生まれ）。

菊池さんは広島市生まれ。市内の女子大を出てアメリカで二年、マツダで二年働いて「香木の森」へ応募、研修終了後も地元に六年とどまって団体職員として働き、アメリカ旅行で知り合った男性と結婚。夫の故郷千葉で一人娘と五年暮らしたあと、「香木の森」がある邑南町に隣接する広島県北の三次市に転居、二〇一一年七月、夫の仕事の関係で安佐南区に引っ越した。「もの書き主婦」を自称し「芥川賞」の夢を追い続ける。夫婦ともアウトドア派で、毎年のように全国のマラソン大会にエントリーしている。

その彼女が、千葉から三次へ転居した二〇〇七年、ネット上にブログを開いた。邑南町の隣に暮らすようになったので、ブログタイトルは「隣のカモミール」。カモミールはすでに触れたように、ハーブを代表する植物の一つであり、研修生たちの同窓会組織ともいえる「カモミールの会」に由来する。

さすが「もの書き主婦」だけあって、家族や友人との絆やアウトドア活動を軽妙な筆致で書いている。そんなブログで最も印象に残るのは「香木の森」にまつわる回想の数々である。特にブログを開いて一年間は、決まって毎週金曜日に研修のエピソード、町の人たちとの交流などを、かけがえのない体験として綴っている。

二〇〇七年のある日のブログの一部を紹介する。

一四年前、私は石見町（現・邑南町）香木の森で農村体験の実習生だった。それまで、ハーブに興味はなかった。田畑で農作物を作ることも憧れでしかなかった。ただ、「石見」という土地にひかれた。

一年。ハーブだけでなく、農作業だけでなく、花見、草刈り、ゴミ拾い、泥おとし、夏祭り、運動会、秋祭り、神楽、雪かき、とんど…。集落の行事にも、た〜っくさん参加させてもらった。

（中略）あの町を離れて七年。プランタに花や野菜をちょこっと植えてはいるが、世話をしているのは夫。ハーブクラフトの本が本棚にあるものの、しばらく触ってもいない。じゃあ、あの町で学んだことは活かされてないのか？

とは、思わない。あの町で学んだエネルギーは、私の奥底にたくわえられている。「あの町にいれば、なんでもできる」と不思議なまでにみなぎる自信。七年のうち、最後の二年は定職を持たなかった。「フリーの物書き」になった。それは、あの町で暮らしていたから。ただ、それだけで「できるよ、私」と思えたから。
（中略）無謀っちゃあ無謀だがね。食うもん困って霞を食うようになっても、あの町の霞なら美味しそうだったし―。「限界」がない「町」には「無限」があった。

この一節、彼女の軽妙なブログの中では生真面目な文章に属するが、一年間のハーブ研修がどれほど強烈に体に焼き付けられたか分かる。「香木の森」生みの親である故松本潤町長との出会い、今も研修講師をつとめる渡辺生紀先生の献身、母と慕う女性職員・高橋三保子さんの定年退職を機に集まった同期生や後輩との交流、卒業生の心のよりどころである石焼ピザとカレーの店「楽人《たのしびと》」のオーナー（三宅純夫「香木の森」クラフト館元館長）など、彼女たちを支えた地元の人たちを、忘れ難いエピソードを交えて書き連ねている。筆者とのインタビューで口にした『「香木の森」は大学の四年間より濃い一年だった」「あの町のお陰で今の自分がある」「一生の宝もの」という言葉からも、研修が果たした役割の大きさがうかがえる。

もう一人、北広島町今吉田で「カフェ・ガレット」という看板を掲げて自然食レストランを営みながら小学生の息子を育てる六期生の坂和栄子さんは、愛媛県で生まれ育った。京都の女子大で学生生活を送り、しばらく大阪で働いたあと、一九九八年に「香木の森」研修生になった。

「研修を終えてからの私の人生は波乱万丈です」。その言葉通り、生まれ故郷へは戻らずに広島市内のレストランで働き、結婚して広島市佐伯区の山中に山小屋を建ててレストランを開いた。しかし、ほどなく破局を迎えて息子と二人で北広島へ転居し、知人の好意で、個人天文台のガレージの一角で現在の店を営む。

坂和さんの店には、二〇一一年の梅雨明け前に初めて訪れて以後、三回お邪魔した。初訪問の日、意外な人が雨の中を軽トラックでやってきた。「香木の森」クラフト館の元館長で、役場を定年退職してのちピザとカレーの店を開いている三宅純夫さんである。「梅をもいできたけえ漬けときんさい」と言いながら、荷台から自家製の青梅と野菜をおろした。県境を越えて一時間余、わざわざ運んできたのである。

カフェ・ガレットの坂和栄子さん
(広島県北広島町今吉田)

坂和さんが「香木の森」を一九九九年春に巣立って一〇年以上が経過しているのに、三宅さんはこうして修了生とのつながりを大切にしている。もっとも、三宅さんが「楽人」という山小屋風の店を建てるとき、坂和さんは暇をみては広島から手伝いに来ていた。そして「楽人」完成後は修了生たちが矢上に「里帰り」

したときのたまり場、つまり「同窓会館」の役目を果たしている。

後日、彼女のブログを開いて写真を見ると、三宅さんのあの青梅は梅酒や梅シロップ、梅味噌に姿を変えていた。

二度目の訪問の時は有機栽培グループの女性たちが、手作りのトマト、キュウリなどを持ち込んで、コーヒーを飲みながらおしゃべりに花を咲かせていた。三度目は広島市郊外の高齢者が牛乳持参で訪れて、健康談義の最中だった。「安全な食べ物をキーワードに、みなさんに応援してもらっています」。坂和さんもまた、「香木の森」の体験をもとに、いま親子二人で平穏を取り戻しつつある。店の一角には、念願の薪ストーブも据え付けた。『香木の森』はいまも私に生きる勇気を与えてくれています。落ち着いたらご恩返しをしなくてはと思っています」。

「香木の森」を離れた彼女たちがネットや口コミで発信する情報は、邑南町のいわば「広告塔」である。

第四節　「新石見人」の田舎発見

「さくらえサロン」位置図

島根県西部に位置する「石見」を「いわみ」と正しく読める人は、大田市の「石見銀山」が世界遺産登録で注目される二〇〇七年まで、必ずしも多くはなかった。せいぜい森鴎外の「余ハ石見人林太郎トシテ死セント欲ス」という遺言で鴎外ファンが知っていたくらいである。河辺真弓さん（一九五七年生まれ）も、江の川中流、邑智郡桜江町（現江津市）にIターンするまではそんな一人だった。

「東京時代は島根と鳥取が辛うじて区別できる程度。山陰というと陰鬱なイメージしか浮かばなくて…。それが、夫の故郷の桜江に住み始めた一九九九年を境にガラッと変わりましたね」。

悠々と流れる江の川、四季の移ろいが見える周囲の山々、だれに頼まれたわけでもない

無人駅を活用した「さくらえサロン」の河辺真弓さん

のに申し合わせたように赤瓦を葺いた民家のしっとりとしたたたずまい、そしてなにより明るくて開放的な石見の人々。大分県に生まれ、東京でマーケティングプランナーとして働いていた彼女が、夫のふるさと石見で暮らし始めて発見したのは「極上の田舎」だった。

Ｉターンの翌年、地元ゼネコンオフィスの一角にインターネット・マガジン会社「いまゐネット」を設立し、『月刊しまねｉｗａｍｉマガジン』編集長として、全国に観光・交流、定住、伝統文化情報の発信を手掛けた。同時に地域おこしグループ「桜江いきいきプロジェクト」を結成。さらに二〇〇二年には自宅から徒歩一分、無人になっていた三江線川戸駅を活用して、地域づくりの活動拠点「さくらえサロン」を開いた。

Ｉターンから八年後の二〇〇五年、それまでの活動を集大成するＮＰＯ法人「結《ゆい》まーるプラス」を結成して理事長に就任。このＮＰＯ法人は定住、都市交流、地域ビジネス支援、ネット通販、空き家活用、中山間地支援など幅広い活動を展開する。

多彩な活動の中でも極めつけは、「石見問屋」と名付けた石見産品、技術、人材のインターネット販売（紹介）だろう。この問屋は若旦那と若女将つまり河辺夫妻を中心に、自分たちが集めた情報の中から「これぞ石見」と気に入ったものだけを扱う、わがままなネットショップである

取扱商品の一つ、川戸駅前で九〇歳を過ぎた船津重信さん（一九二一年生まれ）が作る「ヒーロー横笛」は、小学生用の楽器リコーダーをヒントに、だれでも吹けるよう開発した横笛。一〇年前に三〇万円かけて実用新案登録した。高級品は篠竹を使うが、普及品は水道パイプ。それでも塗装をほどこすと、どれが高級品か見分けがつかないできばえ。「石見問屋」で扱うようになってからは、国内はもとより海外からも注文が入り、実用新案に要した費用は一気に取り戻した。

ほかにもIターンした男性が、放棄された桑畑に着目して開発した特産の「桑茶」、Uターン男性が受け継いだ伝統和紙「勝地半紙」、帰郷して有機農業を営む男性の「有機ごぼう」や「蜂蜜」、自然放牧にこだわる若い酪農家の牛乳、江の川の川漁師がとるアユ、サバで名を馳せた浜田漁港のおばちゃんの「鯖寿司」など、ネット商品は石見地域一円で一五品を超える。

「石見問屋」が扱うのは商品だけではない。アウトドア派にはカヌーのスペシャリスト、Iターン希望者には田舎暮らし指南、さらには石見神楽の楽しみ方、石州左官が手掛けた「鏝絵《こて》」のガイドなど多彩な人材や技術の紹介も手掛ける。

「新石見人」とでも呼びたいような河辺さんの活動を支えるのは、ネットをフル活用した情報の発信・収集力、それに旺盛な知識欲に裏打ちされた斬新な発想、たぐいまれな行動力だろう。「よく言われることですが、内にいて見えないものが外からははっきり見える。機会さえあれば、できるだけ石見から出て行くんです。そうすると石見を客観的に評価できるから」。話していると、時に辛辣な言葉も飛び出すが、「極上の田舎・石見」を一人でも多くの人に知らせたいという強い思いが伝わってくる。

自らをネット上にさらす「かわべまゆみブログ」を開くと、彼女が石見をどう変えたいと考えているかがトップページに集約されている。すでに触れたネット・マガジン『月刊しまねｉｗａｍｉマガジン』、ＮＰＯ法人「結まーるプラス」、「石見問屋」のほか、高齢者が詐欺被害に遭わないための自警ネットワーク「チームさくらえ」、ＵＩターン、定住、空き家情報など田舎暮らしをサポートする「ふるさと・ｎｅｔ」などのコンテンツが手際よく並び、それらを開くとさらに詳しい情報にたどり着けるよう、周到かつ親切に編集されている。桜江に住み始めて真っ先に手掛けたのがネット会社だから、行き届いたネット構成も驚くに値しないかもしれないが、ブログ画面から伝わる意気込みと活動の幅広さに感服する。

そんな活動が実って、桜江町へのＩターン者は一〇〇人を超え、すでに紹介した桑の葉を加工した「桑茶」販売は軌道に乗り、船津老人が趣味で開発した「ヒーロー横笛」は本業の衣料品店をしのぐ売り上げとなるなど、無人駅オフィスは沈滞気味だった中国山地に新たな光を放ち続けている。

ブログで彼女のプロフィールをたどると、江津市（社会教育委員、定住推進員）、島根県（総合開発審議会委員、中山間地域研究センター運営委員）、内閣府（地域活性化伝道師）、国土交通省（地域振興アドバイザー）など地域から国全体を視野に入れた幅広い活動歴が見えてくる。二〇〇八年には「日経ウーマン」誌の「ウーマン・オブ・ザ・イヤー」に選ばれ、NPO法人「結まーるプラス」の活動は総務大臣表彰を受けている。そんな受賞歴をひけらかすこともなく、河辺さんは無人駅の切符売り場に開いた「さくらえサロン」の古ぼけたデスクでパソコンに向かう。

ネット・マガジン編集長、「石見問屋」若女将、NPO法人理事長、「さくらえサロン」事務局長、「いわみの名物料理を考える会代表…。「極上の田舎」に惚れ込んだIターン女性「河辺真弓」は、それらの肩書きが示すように「新石見人」となった。

彼女のブログには石見弁があふれているが、日常会話はまだまだ。「石見弁を使いこなせるようになれば本物ですかね」と言いつつ、別れ際に「また来ちゃんさい（来てください）」と茶目っ気たっぷりに笑った。

第五節　「地域おこし協力隊」の若者たち

三瓶山のふもと、江の川両岸と支流の谷筋に集落が点在する邑智郡美郷町は、二〇〇四年に邑智町と大和村が合併するまで地味な存在だった。二〇一〇年の国勢調査人口五、三五一人、高齢化率四一・三％。一九六〇年代以降、出稼ぎ、過疎、少子高齢化の道を歩み、衰退に歯止めがかからない。江津市と広島県三次市を結ぶ三江線が「悲願三代」の末に全通した一九七五年、すでに鉄道は輸送の主役を自動車に奪われ、活性化の決め手とはならなかった。なにかにつけてタイミングが遅れて、ちぐはぐなのである。そんな美郷町が、新町発足を機に時代の流れを先取りする取り組みを始め、メディアに登場する機会も増えた。

もともと美郷町は「平成大合併」で、隣接する川本町を加えた三町村で「三郷町」となる予定だった。ところが川本町が役場の位置をめぐる綱引きに敗れて離脱し、残った邑智、大和が、読みは同じでも一字違いの「美郷町」として出発した。川本が「郡都」の輝きを失うなか、美郷町は大田市への依存を強めながら、背水の陣ともいえる構えで地域再生の道を模索する。

崖っぷちで選択したのは「地域おこし協力隊」による集落維持事業。総務省のモデル事業に名乗りをあげ、政府の緊急雇用対策、過疎法に基づくソフト事業、島根県の定住促進対策などを援用して協力隊員の人件費を工面し、手探りでコミュニティの維持、活性化と向き合う。

集落維持の最前線に立つのは、町が全国から募集した若者たち。邑南町の「香木の森」研修制度や桜江町のIターン女性のように、「新しい血」への期待とも言える。任期三年という条件で二〇〇九年から採用を始めた協力隊員は、二〇一一年には一八人に膨らんだ。隊員たちは各地域の空き家に住みながら、稲作の手伝い、休耕田管理、草刈り、除雪・雪おろし、高齢者世帯の通院、買い物支援など地域の要望にこたえて汗を流す。その一方でイベント参加や地域再生の提案・実行も手掛け、高齢化が進む集落にとっては頼もしい若者たちである。

協力隊員の大半は県外から応募し選ばれた。三大都市圏で働いた経験者が多く、年齢も二〇代後半から四〇代までと幅広い。彼らに共通するのは「農林業」「田舎暮らし」の夢を実現したいとの思いである。

第一期の協力隊員に選ばれた三人は、大田市に近い別府地区に配属され、連合自治会と調整しながら域内八つの集落から要請のあった仕事をこなしてきた。その一人、愛知県西尾市の自動車関連企業で働いていた齋藤恵伸さん（一九八四年生まれ）は、妻の由佳さん（一九八八年生まれ）、二〇一〇年に生まれたばかりの娘・凛空《りく》ちゃんと空き家で暮らす。コンバイン、草刈り機、除雪機など、これまで使ったこともない機械を操作して高齢農家をサポートしてきた。「はじめは不安でしたが、慣れるとお年寄りの笑顔がうれしくて…。地域の伝統行事『しゃぎり』で太鼓をたたいたり、イベントを手伝ったりするうちに別府の一員になったような気分です」。農業へのあこがれを抱いて協力隊員になった斎藤さん、農地を借りて米、野菜もつくる。

草刈り機を整備する齋藤恵伸さん

三年目の二〇一一年は、隣の君谷地区に配属された。自らも農作業をサポートしながら、新人協力隊員の指導に当たっている。別府地区は農地も比較的広く、国道に面しているが、君谷は農地も狭く道路も未改良区間が多い。一六三世帯、三六七人が暮らし、高齢化率は五一・八％に達する。君谷の集落支援員として協力隊との調整に当たる川角義信さん（一九三五年生まれ）は元農協職員。「同じ町内でも生活条件はさまざま。君谷は協力隊員のお陰でかろうじて地区が維持されている。彼らがいてくれるだけで、地区がずいぶん明るくなった」と喜ぶ。

　協力隊では最古参の齋藤さんは二〇一二年三月に三年の任期が切れる。つながりの深い別府地区の営農クラブは、農業志望の齋藤さんに期待してトルコキキョウ栽培のハウスを建てた。「農業をやりたいという気持ちは変わらない。みんなの気持ちはうれしいが、別府以外のところも見て妻とよく話し合わないと、すぐここに定住というわけにはゆかない」と戸惑いを口にした。

　齋藤さんより一年遅れ、二期生の越田充さん（一九七〇年生まれ）は、邑南町に隣接する比之宮地区に配属され、二〇一一年一月から除雪に追われた。連日の除雪要請から開放された三月一一日、生まれ故郷の岩手県山田町が東日本大震災による津波にのまれた。四月上旬、やっとたどりついた故郷は、家族は無事だったものの、町の中心部は跡形もなかった。配属先の人たちの温かい励ましに支えられ、四月下旬から町が派遣するボランティアとして故郷山田町の復興を手伝った。「生まれ故郷と美郷町は海と山の違いはあるけど、田舎の温かさは同じ。比之宮の一三〇戸余りのうち半分を占める高齢者世帯を支えたい」。

「地域おこし協力隊」は役場のある町の中心部でも働いている。商店の奥さんグループ「いちご会」が、シャッターをおろした店を借り上げて開いた盛りそばとコーヒーだけの「いちごのお店」。ここでは協力隊員が店長として会計管理やチラシの作成などＰＲを担当する。

また閉店していたスーパーを改修して新会社を設立し、「みさと市」として再出発するのを手伝ったり、石見銀山から尾道へ通じる「銀の道」に看板を設置してイベントを開くなど、協力隊は地域再興のプランを提案し実行する役割も担っている。

言葉は不適切ながら「よそ者」として町に入った彼らには、地縁、血縁のしがらみがない。実行不可能な奇想天外な提案もないわけではない。しかし、都会でサラリーマンとして働いた経験、第三者としてのこだわりのない発想は、町の情報収集力や行政経験だけでは思いつかない斬新さを秘めている。

しかし協力隊員の中には、将来展望もないまま「便利屋」のように隊員を使い回す役場や地元リーダーへの不満も根強い。協力隊員は、そうした実態や地域の人たちの対応を含めて、三年の間に「定住」するかどうかを判断するだろう。その意味では、受け入れ側の姿勢が任期切れ以後の彼らの決断を左右するのは間違いない。

沖野健町長に会った。「二〇一一年度以降、国の支援が打ち切られるので、町として『協力隊』事業を継続、発展させる手立てを講じなくてはならない。彼らの中から定住者が出てくれれば、地域の励みにもなる。NPO法人を立ち上げるなど、彼らが額に汗して開いてくれた道筋を何としても生かしたい」。町長は、協力隊員の功績に報いる覚悟である。

第六節　「郡都」川本の苦悩と光明

二〇一〇年の初夏、ほぼ二〇年ぶりに川本町を訪ねたときの経験を記しておこう。広島を早朝に出て、寄り道しながら午前一一時すぎに市街に入った。役場で簡単な取材をすませた昼過ぎ、川本駅前で食堂をさがした。どこも店が開いている気配はない。やむなくコンビニをさがした。車で三つの通りをくまなく走ってみたが、どこにもない。結局、六キロ下流の因原まで戻り、来るとき見かけた国道二六一号そばの「道の駅」で昼食にありついた。川本はすっかりさびれ、旧市街より国道沿いの因原のほうがにぎわっているように見えた。

邑智郡に暮らす人たちにとって、一九八〇年代ごろまでの川本は都会だった。店が軒を連ね、国や県の出先が窓口を置き、川本へ来ればたいていの用が足せた。鉄道が開通するまでは江の川を上り下りする舟運の港として栄え、自他ともに認める「郡都」だった。しかしいま、邑南町の人たちは県境を越えて広島や三次へ、美郷町は大田市とつながりを強め、旧桜江町は江津市に編入された。隠岐島を除くと川本は県内で唯一、未合併の町として取り残され、町民の間では「郡都」どころか単独町制への危惧さえささやかれる。

国の出先はむろんのこと、県の出先も次々と統合されて浜田、太田へ移り、役場を見下ろすように建つ県合同庁舎はがらんとして空き室のほうが多い。邑智高校（美郷町）を統合して発足した島根中央高校も生徒数の確保がままならず、町内では「川本警察署もやがて統廃合か」との危機感が漂う。旧邑智、大和との「平成大合併」では郡都のプライドをかけて役場の位置を競いながら、ついに敗れた。

求心力を失い続けてきた町は、「プライドが町づくりの妨げになった」との反省から「キープ四〇〇〇プロジェクト」を立ち上げた。町の人口四、〇〇〇人を維持しようという、プライドをかなぐり捨てた守りの町政である。ところが、プロジェクトに水をさすように、二〇一〇年の国勢調査人口は三、九〇〇人。川本はまさに「泣きっ面にハチ」の状態に追い込まれた。

一般的に、自治体の衰退は生活条件が厳しい外縁部から中心に向かう。ところが、川本は中心部の空洞化が周辺をむしばむ形で広がる特異性がある。

車をおりて市街地を歩くと、シャッターをおろした店がとにかく目立つ。建物を解体した跡地はたいてい駐車場になっているが、駐車している車はまばら。裏通りに入ると、かつて軒を連ねていたバーや居酒屋がずいぶん店を閉めている。看板はそのままでも、長く人の出入りが途絶えたとおぼしき店、ドアの金具がほこりをかぶった店、色あせたチラシがたまったままの郵便受け…。郡内はもとより、出張で川本に滞在したサラリーマンたちでにぎわった裏通りの店もこのありさま。商工会でそうした実態を示すデータを求めても「正確な数字はつかんでいない」とそっけない。

大型スーパーマーケットもコンビニもない川本の市街地で、唯一、若い人が忙しそうに立ち働く店がある。繁華街の中心部、銀行支店の隣に「紙屋古書店」の看板を掲げる古本屋。といっても、この店は店頭に古本を山積みしてあるわけではない。学術書をインターネットで取引するネットショップである。

地元で一軒だけだった書店の閉店に伴い、二〇〇六年に埼玉出身の学生起業家、尾野寛明さん（一九八二年生まれ）が一橋大学在学中、店を借り受けて開業した。「店というより倉庫かな？ 仕入れた古書を整理し、ネットに書名、著者、発行年、出版社、価格を載せて、あとはお客さんが必要な情報を入力して、価格が折り合えばお買い上げ。店の借り上げ費用は東京の一〇〇分の一。ネット時代だから、田舎に店を構えていても条件は同じ。在庫は西日本でもトップクラスになりました」。二〇一一年春、一橋大学大学院博士課程を無事終了して学生の肩書きが消えた。

尾野さんは、島根県の「新産業創造ブレイン」である関満博教授の研究室で、中山間地域の自立を研究テーマに掲げ、県内の企業家や自治体職員と交流を続ける。学生時代に立ち上げた有限会社「エコカレッジ」の代表取締役であり、研究者でもあるという二足のわらじをはく。地元の依頼で「紙屋書店」というかつての店の名に「古」の一字を加えて、眠れる郡都に活力がよみがえる日を夢見る。八人のスタッフはIターンと地元の若者が半々で、ほかに障碍者も働いている。

「紙屋古書店」を開いた
尾野寛明さん

尾野さんの店が基点になって、隣に輸入ベビー用品のネットショップも誕生した。「なかなか大変ですが、地元のやる気を引き出せればうれしい」と尾野さん。当初は夜行の高速バスで東京の仕入れに通っていたが、新幹線にかわり、時に飛行機も利用する。経営が軌道に乗ってきた証しなのかもしれない。

実は尾野さん、二〇一〇年に雲南市木次町の閉店した写真館を借りて二号店を開店した。木次といえば、川本とよく似て古くは舟運の町、旧大原郡の郡都だった。この町も斐伊川の対岸にある三刀屋町に商業の拠点が移ってしまい、衰退が著しい。「長い目で見ると、いま斜陽化しているところにビジネスチャンスがあるような気がする」と尾野さんは目を輝かせる。

ただ、川本の商店主たちは「ネットとやらで扱える商品ばかりとは限らんしのう」と、まだ尾野さんの取り組みに半信半疑。尾野さんは「年寄りが若い人に自分流を押し付ける時代は終わった。任せてしまえば、若い後継者も育つはず」と受け流す。腕組みしていてもお客が来てくれた過去から、商店街が脱却できるかどうかが川本再生のカギと感じている。

川本にエールを送る「紙屋古書店」という「新しい血」は、皮肉にも地元よりむしろほかの自治体が関心を寄せる。それを物語るように、尾野さんのチャレンジに学びたいという各地の商店街からの講演依頼が相次いでいる。

町が進める「キープ四〇〇〇プロジェクト」は、若者向けの定住促進住宅、特産エゴマを生かしたまちづくり、二〇〇七年から始まった飲食店の「かわもとごはんキャンペーン」などメニューは多彩である。すでに人口が四、〇〇〇人を割り込んだという現実は、プロジェクトに黄色信号が点灯したことを意味する。

プライドにこだわらないとは言え、「郡都」の看板の魅力は捨てがたい。未合併の町を選択した川本の正念場である。

第三章　「御三家」からの自立
——奥出雲地域

「平成大合併」以後、「奥出雲」という呼称にちょっとした混乱が起きている。合併まで「奥出雲」といえば「雲南三郡」つまり斐伊川上流域を示す広域呼称だったが、仁多郡仁多、横田両町合併で「奥出雲町」が誕生し、「奥出雲」が特定の町を示す固有名詞になった。一方「雲南三郡」という呼称も、旧大原郡三町と飯石郡の三町村合併で「雲南市」が生まれて一市二郡となり「三郡」と言え

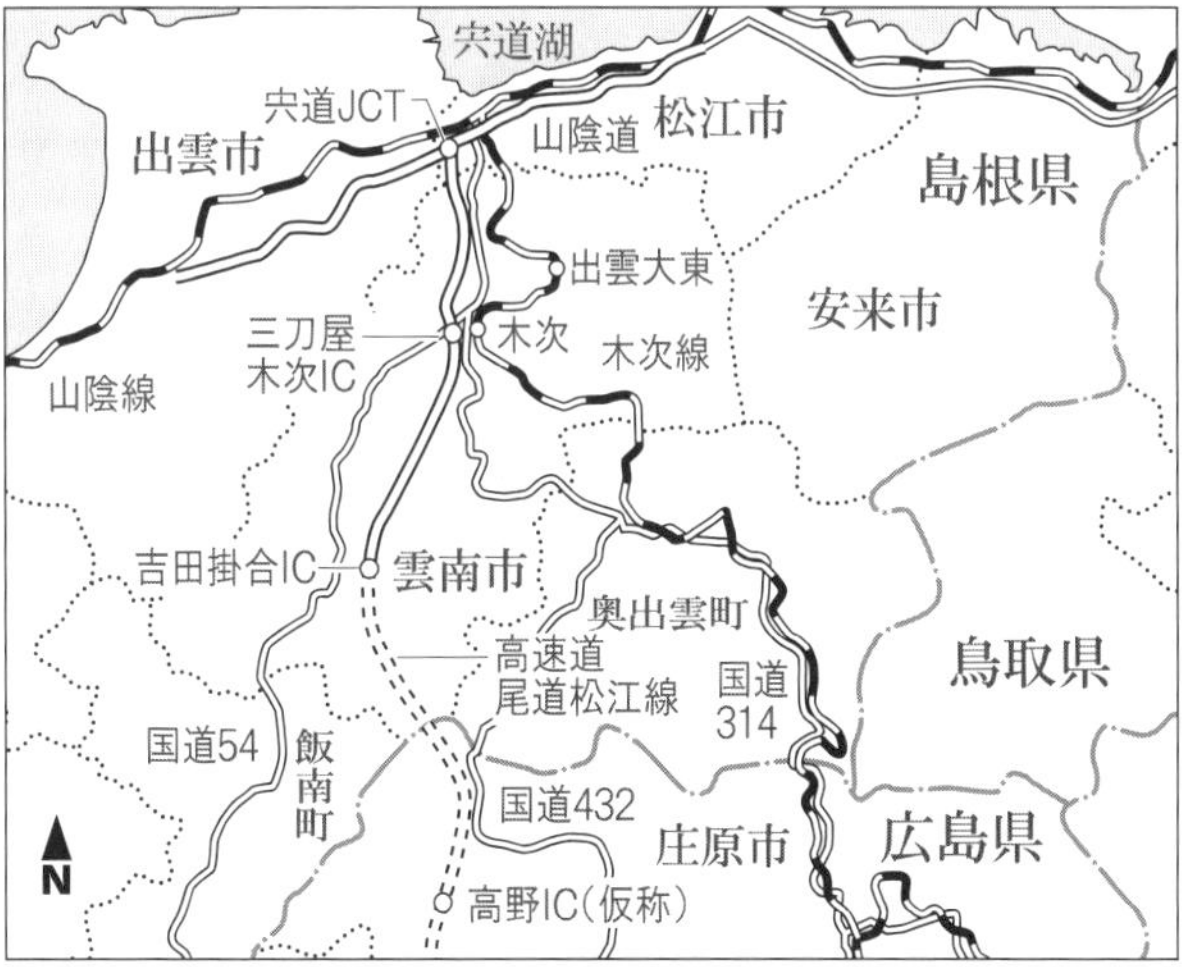

奥出雲地域位置図

なくなった。かくて、奥出雲町を除く雲南市や飯石郡では、従来のように「奥出雲」を公然と使いにくくなった。

というわけで、本稿では旧来の広域呼称「奥出雲」は「奥出雲地域」または「斐伊川上流域」と表記し、町名を表す固有名詞は「奥出雲町」と書く。

さて、その奥出雲地域を訪ね歩いて、合併に伴う澱《おり》のようなものが、住民の胸の底に沈んでいるのを折りに触れて感じた。奥出雲町や、飯石郡赤来町と頓原町が合併した飯南町は、役場をどこに置くかが棚上げされたままだし、雲南市も市役所が市の中心部でなく北端の旧加茂町にあることへのもやもやがくすぶる。かつてなら、絲原、桜井、田部のいわゆる「出雲御三家」の裁定で多少の不満は抑え込まれただろうが、御三家の威光もひところまでの輝きはない。「だんさん」に代わって二〇世紀末の政界に君臨した竹下登元首相もいまは亡い。

奥出雲地域は出雲神話の舞台として、また、鑪《たたら》製鉄のふるさととして、権威や権力に寄り添いながら長い歴史を刻んできた。いま奥出雲地域は、そうした「力」に頼らずに自立する道を模索している。

第一節　「出雲御三家」の陰り

『出雲国風土記』（七三三〈天平五〉年）に「堅くして尤《もっと》も雑具を造るに堪《た》ふ」と記された斐伊川上流域の鉄。一帯の歴史は古代から明治中期まで一貫して鑪製鉄の歴史といってよい。良質の砂鉄と豊富な木炭資源を背景に、多くの人が鉄とともに生きた。その頂点に立って長く一帯に君臨したのが「出雲御三家」と呼ばれる絲原、桜井、田部の三家である。

筆者の先輩記者が一九六六年から二年近くにわたって中国新聞に連載した『中国山地』のプロローグは、田部家が所有する「菅谷たたら」集落だった。連載では「山をおりる山林資本」と題して御三家が拠点を日本海沿岸部に移したことを書き留めている。それから二〇年近くたって、筆者も取材に加わった一九八四年の『新中国山地』は、御三家がそろって書画、陶芸、調度品を展示する博物館や美術館を開いたと記す。

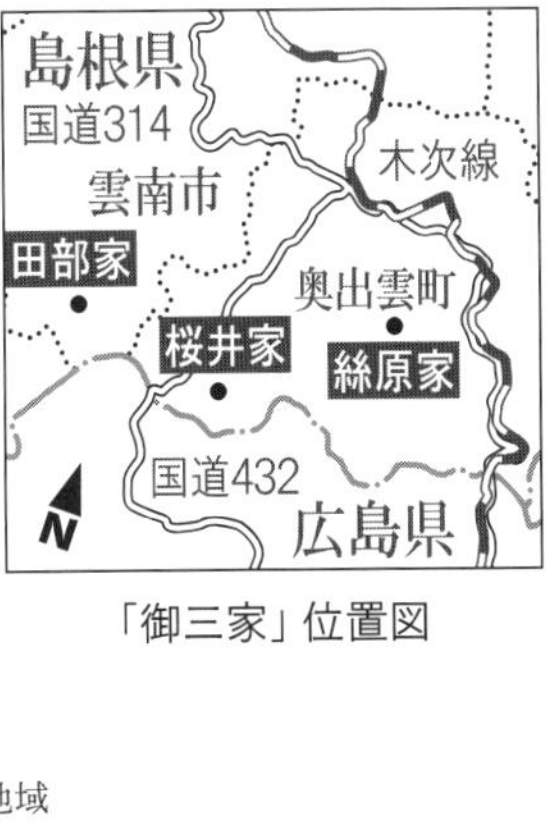

「御三家」位置図

一九六〇年代、田部家の当主は県知事、桜井家は県農協連会長、絲原家は山陰合同銀行会長として島根県の政治、産業、金融のトップの座にあった。七〇年代に入ると当主は世代交代し、それぞれ民放ローカルテレビ局社長、自動車販売会社経営、県議会議員と島根県内での影響力は小さくなっていた。御三家が申し合わせたように博物館、美術館運営に乗り出したのはこのころである。

御三家の変遷をたどってみる。

明治に入って斐伊川上流域の鑪経営者が相次いで撤退するなか、御三家は大正中期まで鉄をつくり続けた。並行して、蓄積した財力をバックに簸上鉄道（現JR木次線）敷設、養蚕奨励と生糸工場建設、家庭用木炭生産など「鑪以後」を見据えた産業構造転換の先頭に立った。それを支えたのは、農地だけでなく牛や農具までも所有する大地主の財力であり、鑪時代から保有する広大な山林の収入であった。

しかし戦後の農地改革で農地の大半を失った。ただし山林は残った。かつて鑪で働いた人たちを「焼き子」として囲い込み、木炭製造に力点を移す一方、木材生産で家の経営を維持する。しかし、一九五〇年代後半からの燃料革命で木炭の需要は激減し、木材輸入自由化で国産材の生産も低迷する。田部家が益田市や境港市で輸入材による合板加工に乗り出したのはこのころのこと。六〇年代半ばに『中国山地』の連載が「山をおりる山林資本」と書いたのは、まさにそうした動きをさしている。

威光にかげりは見え始めていたものの、六〇年代まで「御三家」の存在感は他を圧倒していた。しかし六〇年代末から七〇年代初頭、絲原武太郎山陰合同銀行会長の死去、田部長右衛門知事、桜井三郎右衛門農協連会長の相次ぐ引退で世代交代が進んだ。それまで襲名制の伝統を守ってきた御三家のうち、絲原家がまず廃止、ついで桜井家も襲名にピリオドを打ち、田部家だけが「長右衛門」を踏襲した。しかし、先にふれたように肩書きは先代ほどの重々しさはなくなった。「絲原記念館」、「可部屋集成館」(可部屋は桜井家の屋号)、田部美術館が誕生したのはそんな時期である。

これにはわけがあった。御三家が所蔵する書画、焼き物、調度品は美術品としての価値が高く、散逸が懸念された。一方、御三家にとっては、相続するとなると収蔵品は資産として評価され課税対象となる。散逸を防ぎ、課税対象から外す手立ては、所蔵品を財団法人に移管し公開するのが最良の道だった。

絲原、桜井両家が自宅に隣接して博物館を建て、所蔵品と同時に邸宅や庭園を公開したのに対し、田部家は茶道具を中心とする焼き物に特化した美術館を松江市に建てた。知事だった第二三代当主が茶道、陶芸に長じていたこともあって、当主が健在の間に建設が始まり、没後三ヵ月目の一九七九年一一月、松江城北の旧武家屋敷が並ぶ美観地区「塩見縄手」に開館した。田部家は旧吉田村にある邸宅は公開しておらず、御三家の中では独自の道を歩む。

桜井家当主の桜井尚さん

さて、戦後は所有する広大な山林経営で家を維持してきた御三家だが、まず木炭の需要激減で大きな痛手を受け製炭事業から撤退。以後、杉、桧、松を主体とする木材生産、チップ加工や伐採跡地への植林、育林に力点を移す。ところが、輸入材の増加で林業経営も思うに任せず、縮小を余儀なくされた。

その山林だが、一九六〇年代半ば田部家七、〇〇〇ヘクタール、桜井家四、〇〇〇ヘクタール、絲原家三、〇〇〇ヘクタールを所有していた。ところが『新中国山地』取材で訪ねた八〇年代半ばには、田部家四、〇〇〇ヘクタール、桜井家二、〇〇〇ヘクタール、絲原家二、五〇〇ヘクタールに減少していた。田部家の場合、第二三代当主が亡くなった一九七九年から相続税を一五年賦にし、その一部に充てるため四〇〇ヘクタールを島根県に売却している。広島県境の大万木山（一、二一八メートル）一帯の「島根県民の森」（一、二一八ヘクタール）は、田部家の山林購入を機に整備された。

というわけで、樹木の生長を促す恵みの雨が「一雨一〇〇〇両」とも「一雨一〇〇〇万円」とも形容された最盛期の御三家の山林は、この半世紀余り減少の一途をたどった。しかも山仕事に入れば、その分だけ赤字が増える状況では、林業に投資することもできない。今回、御三家を回って現在の山林面積を尋ねたら、そろって「個人情報ですから」とかわされ、答えてもらえなかった。

ただ、桜井家に関しては、一九九八年八月九日の中国新聞に『出雲御三家』桜井家一三代当主に破産宣告」という目を疑うような記事が載っている。一段見出しで、第一三代の現当主で前自動車販売会社社長の尚氏（一九二四年生まれ）が、松江地裁から破産宣告を受けていたという内容。八〇年代末に手掛けたリゾート開発計画がバブル崩壊でとん挫し、負債総額は推定二〇数億円と伝えている。合併前の旧仁多町時代のことだ。当時の役場幹部に聞くと、窮地の桜井家を側面から支援するため町が一、一〇〇ヘクタールの山林を一括購入した。その結果、桜井家の山林はほとんどなくなったはずだという。

御三家にとって山林は鑪の時代から経営のいしずえであった。資産であると同時に収入の源でもあった。しかし、この四〇年余りをたどると、御三家にとって山林は重荷であり、一方では「最後の砦」であった。結局、その山林を切り売りするしか、家格を保持する道は見いだせなかったようだ。

第二節　「御三家」のいま

二〇一一年二月、松江市の「くにびきメッセ」で開かれた「たたらシンポジウム」が地元でちょっとした話題になった。議論の内容もさることながら、会場に御三家の当主が顔をそろえたのである。鑪経営者の子孫なのだから驚くには値しない、というなかれ。御三家が顔をそろえる機会は、ことほどさように稀なのだ。そして同時にこの「顔見世」は、鑪の歴史に日が当たることに御三家が期待を寄せる証しでもあった。なぜなら、このシンポジウムは、鑪を世界遺産に登録する運動の出発点という狙いが秘められていたからである。

顔を見せた御三家当主は、絲原家が第一五代・徳康氏（一九四七年生まれ＝県議会議員、絲原記念館理事長）、桜井家が第一三代・尚氏（一九二四年生まれ＝可部屋集成館理事長）、田部家が第二五代・真孝氏（一九八〇年生まれ＝株式会社田部社長、田部美術館代表理事）。シンポジウムの内容を抄録した山陰中央新報の特集紙面（三月二〇日付）には、「鉄師頭取御三家」のうたい文句で、邸宅や庭園の写真入りで三家の広告が載っている。企業でも商品広告でもない。それは前代未聞というべきか、紛れもなく絲原家、桜井家、田部家が歴史と伝統をＰＲする実にユニークな広告である。

さて、出雲地方で「だんさん（旦那さん）」と呼ばれる名望家の中でも「大だんさん」と呼ばれる田部家。第二四代・長右衛門（智久）氏の死去（一九九九年）当時、まだ学生だった現当主が東京のテレビ局を退職し、二〇一〇年に帰郷して第二五代を継いだ。地元吉田町では今も「若さん」と呼ばれるが、松江に住んで吉田に帰ることはめったにない。たまに帰っても、老朽化した本宅ではなく隣接する株式会社田部本社の事務所二階に寝泊まりする。

実は田部本社は留守番役がいるだけで、実質上は隣の掛合町に本社機能がある。というわけで、田部家支配人の肩書きを持つ内藤芳文専務を掛合に訪ねた。あいにく出張中で応対してくれたのは井上量夫常務。

もらった名刺を見て驚いた。ひげのおじさんカーネル・サンダースの「ケンタッキー・フライドチキン」（ＫＦＣ）ともう一つ「ピザハット」のロゴマークをあしらった、なんとも都会的なデザインの名刺。山林王・田部家のイメージとはおよそかけ離れている。それを察した井上さんは「二つともわが社の主力事業ですから」といたずらっぽく笑った。

ＫＦＣとピザハット。いずれもアメリカ生まれのファストフード・チェーン店だが、日本

土蔵群に囲まれた田部家。本宅は土蔵の右奥。
（撮影は財団法人「鉄の歴史村」）

では三菱商事系のKFCジャパンが運営する。株式会社田部はKFCが日本に進出して二年後の一九七二年、中国地方のフランチャイズ権を取得し、さらに一九九五年にピザハットの店舗展開にも乗り出した。物産事業本部を広島市南区に置いて、広島を中心に中国地方に合わせて四五店舗を構える。年商四五億円（二〇〇九年）。

株式会社田部は、ファストフードを扱う物産事業のほかに建設工事、環境、山林、木材、特産の事業部門をもつ。井上さんにもらった会社概要を開くと、山林、木材といった、いわば本業部門の記述は通り一遍で、むしろ物産や環境、建設に力点が置かれている。

そんななか特産事業というのが気になった。説明を読むと内容は採卵養鶏である。吉田といえば合併前、卵かけごはん専用の醤油「おたまはん」が爆発的なヒット商品となり、今も売れ続けている。養鶏はそれにあやかって手掛け、お膝元の吉田で三、〇〇〇羽を平飼いする。雄鶏を一緒に飼育する有精卵で、主にデパートや有名スーパーに「たなべのたまご」のブランドで出荷している。一個平均四〇円というから、かなり割高である。吉田の街中で主婦に聞くと「あげな高級な卵は私らにはとてもとても」と笑った。国道五四号沿線の「道の駅」には、チラシはあるものの現物は置いてない。主婦が言うように上流階級御用達の卵なのかもしれない。

田部家はこうして株式会社田部を母体に企業活動を展開するが、絲原、桜井両家は地場の中堅企業に出資はしているものの、目立った企業活動は見られない。桜井家は自動車販売を継続する一方で、先に触れたように破産宣告を受けて以来、当主は広大な邸宅に住んで「可部屋集成館」や文化財指定を受けている邸宅、庭園の管理に当たる。一方、絲原家は県議である当主が邸宅に暮らし、「絲原記念館」の管理は松江に住む弟の安博氏（一九五〇年生まれ）が通いながら受け持つ。

その安博氏がふと「伝統を維持しにくい時代になった」と漏らした。御三家の伝統行事、特に年末年始の儀式はテレビやグラフ雑誌で度々取り上げられてきた。かつては餅つき、正月飾り、年始の儀式などが、大番頭の指揮の元で大勢の手代や近所の女性が集まって、しきたり通りに行われた。しかし、主従のつながりが希薄になるにつれて、手伝いを頼みにくくなったという。

いま、年末の餅つき、正月二日の年始行事の伝統を保持しているのは田部家だけ。同家では年末二八日には若者が餅つき唄に合わせて五斗（七五〇キロ）の餅をつき、終わると小豆雑煮をいただく。年末には当主自ら「福」「寿」の祝い飾りをつくり、床の間の前に置いた三つの俵（一俵六〇キロ）脇に飾る。また年始の二日にはお客に抹茶とお屠蘇を振る舞うしきたりを守っている。しかし、絲原家の場合、先代・義隆氏が二〇〇五年に亡くなったのを機に、伝統の儀式は大幅に簡素化された。合併前は町の幹部や議員がこぞって年始のあいさつに訪れ、まるで役場が引っ越してきたような状態だった。旧仁多町は古くからのしきたりで桜井家と旧横田町の絲原家の両方を回らねばならず、事前に訪問する順序を決めるなど周到に打ち合わせが行われたという。桜井家は当主が破産宣告を受けて以来、年始に訪れるのは限られたお客だけになった。

冒頭に紹介したように、御三家が鑪の世界遺産化に並々ならぬ関心を寄せるのも、その存在が人々の記憶から徐々に薄らいでゆくことへの焦りからかもしれない。もし世界遺産に登録されれば、大田市の「石見銀山」が登録を機に着々と整備されてきたように、「鉄の道」も御三家を中心に一新され、国内はもとより世界に家名が知れわたる。かつての栄光の歴史が再び脚光を浴びるという期待が、御三家の背中を押しているのは間違いない。

第三節　「鉄の歴史村」吉田の迷走

「鉄の歴史村」位置図

一九八五年、筆者も取材に加わった『新中国山地』を締めくくる座談会（六月三〇日付中国新聞）に、当時吉田村（現雲南市）の総務企画課長だった藤原洋さん（一九四四年生まれ）に出席してもらった。当時まだ四一歳。「鉄の歴史」をキーワードにした村づくりを胸に秘め、村政をけん引する若いリーダーだった。翌一九八六年、吉田村は「鉄の歴史村宣言」を発し、村民を結集して村づくりに乗り出した。

当時、田部家第二三代当主の長右衛門氏（元知事）が健在で、「吉田村の田部家」というより「田部家の吉田村」といった空気がまだ支配的だった。往時四二棟あったと言われる田部家を象徴する土蔵群は、減ったとはいえ二一棟も残り、その土蔵の扉を開けない限り、つまり田部家が首を縦に振らない限り「鉄の歴史村」づくりが一歩も前に進まないのは明らかだった。

藤原さんは、持ち前の粘りで一つずつ田部家の扉を開けていった。

全国で唯一、和鉄づくりの歴史を今に伝える田部家所有の「菅谷《すがや》たたら高殿」整備、民家を改造し田部家の古文書や製鉄道具を収蔵・展示する「鉄の歴史博物館」開設、すでに八五年に設立していた地場産品の開発、生産、販売の「株式会社吉田ふるさと村」へのテコ入れ、「鉄の未来科学館」「和鋼生産開発研究施設」「木の国文化館」などオープンエアミュージアム整備、体験・宿泊型施設「グリーンシャワーの森」づくり…。土蔵を開けるだけでなく、道路整備、ハード施設建設などでも地主の田部家の協力が不可欠である。それらをクリアしながら、藤原さんの地域資源再発見の取り組みは矢継ぎ早に実行に移された。

「鉄の歴史村」のシンボル「鉄の未来科学館」(2011年1月撮影)

時はバブル経済絶頂期。事業実施に必要な自治省、国土庁、通産省（いずれも当時）の補助金獲得では、田部家の口利きで政界入りし、ついにトップに上り詰めた隣の掛合町出身の竹下登元総理（在位一九八七―一九八九年）が陰に陽に支援してくれた。

一九八八年、藤原さんは自ら設立にかかわった「財団法人　鉄の歴史村地域振興事業団」専務理事に就任、九一年には役場を退職し、事業団の職務に専念するようになる。ここまでは順風満帆だった。

しかし三年後の九四年、事業団専務を退任、さらに九九年には吉田村を離れて松江に移り住む。つまり、「鉄の歴史村」を生み育てた当の本人が村と決別してしまったのである。藤原さんが吉田村を去った理由については、役場を退職後に設立したコンサルタント会社と事業団との不明朗な関係など、村内で様々なうわさが飛び交ったが、真相は闇の中。当時の関係者は今も堅く口を閉ざして語ろうとしない。

そんななか、村外から採用した鍛冶見習い職人や博物館学芸員の相次ぐ退職、事業団幹部職員の自殺など藤原さんが去った後の事業団は、表向きの華やかさとは裏腹に内部のほころびが目立ち始めた。そんなことが続いて、世界の鉄と民族文化をテーマに予定していた新たな博物館計画はとん挫し、オープンエアミュージアムに開設されていたレストラン「食の幸ふる里屋」が休業するなど、遠大な構想を掲げた「鉄の歴史村」は現状維持に汲々とするようになった。

「鉄の歴史村宣言」から二〇一一年で四半世紀が過ぎた。老朽化が目立つ木造ばかりの施設の補修は滞りがち。新機軸を探しあぐねる「鉄の歴史村」にあって、唯一活気がみなぎるのが、特産品の開発、製造、販売を手掛ける「株式会社吉田ふるさと村」である。村民が出資して一九八五年、干しシイタケと杵つき餅の製造、販売でスタートした会社は、いまや「農産加工」「原料生産」「水道」「バス」「観光」「温泉宿泊」の六事業部、社員六九人、年商四億円超という吉田で最大の企業になった。村内に水道工事業者がいなかった吉田で、株主（村民）の要望にこたえて手掛けた水道事業はすでに四半世紀。どの事業部門も地域密着型に徹した重要な業務となっている。

吉田の特産品を箱詰めする職員

「ふるさと村」の名を全国にとどろかせたのが、卵かけご飯専用醤油「おたまはん」の開発だった。ネーミングの奇抜さと類似商品がなかったこともあって、いまなお同社の売り上げトップのヒット商品。さらに知名度を上げるため、二〇一〇年に隣の三刀屋町の旧国道沿いに卵かけご飯専門店「飯匠　お玉はん」を開いた。田部家が吉田で営む養鶏場の「たなべのたまご」と地元産のコシヒカリを使った卵かけご飯定食が四〇〇円。また「全国卵かけご飯シンポジウム」で卵かけご飯に蘊蓄を傾けたり、公募した新しいレシピを披露するイベントも開いてきた。

このほかインターネットショップ「だんだん市場」では、同社がつくる全商品を扱う。団子を笹でくるんで扱う季節商品のシーズンには笹を採る人、加工する人、発送する人などアルバイト従業員を雇って対応している。

商店主だった藤原俊男社長のもと、かつて「鉄の歴史村事業団」職員だった高岡裕司さん（専務）は「村民が株主という原点を大事にと取り組んでいたら、事業がどんどん広がった。お年寄りの知恵や若い人のアイデアを生かして、まだまだやることがある」と自信をのぞかせる。

こうしてみると、地域資源再発見という「鉄の歴史村宣言」を最も忠実かつ地道に実践してきた「株式会社吉田ふるさと村」は、「事業団」の軒先を借りて細々と地場産品の製造、販売に専念していた往時とは一変し、今や主《あるじ》である「事業団」を従えるほどの重い存在となった。

さて、「財団法人　鉄の歴史村地域振興事業団」は平成大合併を機に所管が吉田村から雲南市に移り、速水雄一市長が理事長を務める。八人の理事のうち吉田村出身者は田部寛茂専務だけになった。監事に株式会社田部の井上量夫常務が、顧問に元村長の堀江真・市議会議員がいるとはいえ、発言力の低下は否めない。吉田村が六町村合併で雲南市吉田町に変わった今、「鉄の歴史村」の「村」は抽象的な意味しか持たず、事業団の運営も吉田だけの思惑では動けなくなった。

そんな「鉄の歴史村」をプロデュースしておきながら、長く吉田との関係を絶っていた藤原さんが二〇〇四年、町づくり会社「㈱鉄の歴史村」を設立し、田部家の門前にある古民家を改修して宿泊施設兼カフェを開いた。また「鉄の歴史村交流推進会議」を設立して事業団、株式会社吉田ふるさと村をはじめ旧吉田村の商工、観光、歴史研究組織をまとめ上げた。加えて二〇一一年秋には「全国地域ミュージアム活性化協議会」を結成して地元で大会を開いた。一連の行動が藤原さんの吉田復帰への強い願いであることは間違いない。しかし、地元吉田の人たちがそれを歓迎してくれるかどうか、なお時日が必要だろう。

第四節　鑪《たたら》「世界遺産化」への道のり

仁多郡仁多町と横田町が二〇〇五年に合併してできた奥出雲町は、出雲御三家のうち絲原家と桜井家のおひざ元。町内には両家の博物館のほか和洋折衷の製鉄施設を復元した「たたら角炉伝承館」や「たたらと刀剣館」があって鑪の歴史が色濃く漂う。そして、世界中でこの町でしか見ることのできないのが、毎年冬、伝統にのっとって実際に行われている鑪の操業である。まさに生きた博物館と言ってよい。

全国三〇〇人の刀匠にとって玉鋼《たまはがね》は日本刀製作に欠かせない。それを供給するため財団法人・日本美術刀剣保存協会（日刀保）が一九七七年に復活した「日刀保たたら」は、すでに三〇年以上続く。木炭と砂鉄を三〇分ごとに土で築いた炉に投入し、三昼夜不眠不休で働いて、およそ三トンの鉄を生み出す。それを厳冬期に三回繰り返し、一〇トン近い玉鋼をつくる。年々見学者が増え、操業に支障が出るようになったため、近年は見学も許可制になった。

奥出雲町はいま、隣接する雲南市、安来市それに鳥取県日野郡をも視野に入れて、鑪の世界遺産登録へ向け慎重に動き始めている。慎重なのにはわけがある。

かつて「財団法人　鉄の歴史村地域振興事業団」専務の藤原洋さんが主導して「鉄の道文化圏推進協議会」を結成し、それが旧自治省のリーディング・プロジェクトに採用されたことがある。当時の飯石郡吉田村、大原郡大東町、仁多郡仁多町、横田町、能義郡広瀬町、安来市の六市町村が、それぞれの特徴を生かして「鉄の未来科学館」（吉田）、「古代鉄歌謡館」（大東）、「たたら角炉伝承館」（仁多）、「たたらと刀剣館」（横田）、「金屋子神話民俗館」（広瀬）、「和鋼博物館」（安来市）というハコものを整備して観光ルートをつくった。

　ところが、「鉄の歴史村」の吉田が先行しすぎて六市町村の足並みがそろわず、それぞれが独自のイベントを開き始め、観光ルートどころではなくなった。やがてどの施設も運営が重荷になり、協調をめざしたはずの「鉄の道文化圏」が足の引っ張り合いになったという苦い経験がある。

日刀保たたら操業風景
(2011年2月撮影)

　世界遺産化となると、自治体間の足の引っ張り合いなどもってのほか。加えて「鉄の道文化圏」六市町村は合併の結果、雲南、安来、奥出雲の三市町になった。その事務局は唯一の町である奥出雲町にある。しかし、町長が雲南、安来二市の市長を従える図式は、二人の市長も心穏やかではないようだ。そこで奥出雲町は、近世末から明治にかけて出雲御三家をしのぐ勢いを誇った鳥取県日野川上流の「だんさん」近藤家の鑪遺産を加えて、県境を越えた世界遺産化をもくろむ。

　本章第二節「御三家のいま」の冒頭で触れた二〇一一年二月の「たたらシンポジウム」も、事務局を預かる奥出雲町としては大々的に「世界遺産化への出発点」と位置付けたかったようだが、「独走」と受け取られないようにとの配慮もあって、パネリストは「世界遺産登録への期待」を語るにとどまった。

このように外に向かって慎重に歩む奥出雲町は、実は内側に微妙な問題を抱えている。仁多に桜井家、横田に絲原家があって、古くからとかくもめごとが多かった。例えば高校や警察の位置などを巡る綱引きの結果、高校は横田、警察は仁多（中心地は三成）といったように、なかなかすんなりとは行かなかった経緯がある。

合併に伴う役場の位置も棚上げされたままで、老朽化した三成庁舎と比較的新しい横田庁舎に分かれている。議会は旧横田町の議場で開くため、議員はもちろん役場幹部も全員が約一〇キロ上流の横田に集まり、年四回の議会開会中は町長室がある三成庁舎の機能が著しく低下する。

役場庁舎がある二つの地区の中心部を歩くと、三成は斐伊川に沿った狭い場所に商店がひしめき、シャッターを下ろした店が目立つ。一方の横田は一〇年近い歳月をかけて街路を整備したため、明るくしゃれた商店が並び、国道三一四号に沿ってショッピングセンターやレストランなど新しい商店街も形成されている。

はた目には横田のほうに活気があり、将来性があるように見えるが、岩田一郎初代町長は仁多町長時代から通算二六年もトップの座にあり、県町村会長も務めた重鎮。「仁多米」を全国ブランドに育て上げ、斜陽化した造り酒屋を第三セクターで買い取って黒字経営に転換させる手腕も見せた。県の部長経験を持つ二代目の現職・井上勝博町長もまた仁多の出身である。こうしてみると、政治的には横田より仁多が優位に立つ。

「やり手」だった岩田前町長ととかく比較されることの多い井上町長について、地元では「鑪の世界遺産化で実績を上げたいのだろう」という見方が強い。

世界遺産化をめぐる雲南、安来両市との関係、町内での仁多と横田のせめぎ合いなど、井上町長にとっては悩ましい問題が立ちはだかる。とはいえ、奥出雲地域全体にとって世界遺産化が活性化の大きなプラス材料になるのは間違いない。かつて県中山間地域研究センター所長を務め、中国山地や鑪の歴史に関して自信をのぞかせる井上町長が、どういう手腕を見せるか。「出雲御三家」はもちろん、奥出雲地域に暮らす人たちは、息をひそめて見守っている。

ところで、鑪の世界遺産化については、「中国山地全体が資格を持つ」という意見が根強い。広島大学に事務局を置く学際的な学会「たたら研究会」が年一回開く全国大会でも何度か話題になったことがある。

特に考古学の専門家の間では、大陸からの鉄の伝播ルートは北九州―瀬戸内海を経て徐々に山をのぼり、中国山地で花開いたとの説を唱える人が多い。古代、中世の製鉄遺跡が瀬戸内沿岸から中国山地のふもとに集中して分布していることから、岡山、広島は重要なポイントとされる。確かに近世以降の大鉄山師による鑪は、斐伊川や日野川上流域で栄えたが、「奥出雲地域の専売特許ではない」という冷ややかな見方もある。その意味で、奥出雲町を中心に進められようとしている鑪の世界遺産化は、中国五県の関係者も関心を寄せている。

第五節　「道の駅」の憂鬱

「道の駅」という耳慣れない施設が一九九三年、国土交通省（当時建設省）のお墨付きを得て全国一〇三ヵ所に設置されてほぼ三〇年。二〇一一年八月時点で、日本列島の「道の駅」は九七七ヵ所を数え、いまやドライバーにも地元住民にもすっかり定着した。その発祥について諸説ある中、竹下登元総理のおひざ元、雲南市の旧掛合町が「ふるさと創生一億円事業」の一環として一九九〇年三月、広島―松江を結ぶ国道五四号沿いにドライブイン「掛合の里」を開いたのが始まりとする説がある。

「道の駅」位置図
（広島２ヵ所含む）

もともと「道の駅」という呼称は、一九九〇年一月に開かれた中国・地域づくり交流会で「鉄道に駅があるように、道路にも駅があっていいのでは」との提言をきっかけに誕生したとされる。建設省は九一年秋から翌年春にかけて山口県阿武町など全国三カ所で「道の駅」の実験に着手し、それが九三年の登録制度につながった。

トイレなど休憩施設、道路や観光情報の提供、地域間の連携・交流機能の三点がセットで満たされれば登録証が交付され「道の駅」となる。駐車場やトイレなどは国、県が整備し、情報提供や交流施設は第三セクターを含む地元自治体が担当するなど役割分担が決まっている。

さて、斐伊川上流域の「道の駅」は合わせて七カ所を数える。国道五四号沿いが「さくらの里きすき」「掛合の里」「頓原」「赤来高原」の四カ所、国道三一四号沿線が「おろちの里」「酒蔵奥出雲交流館」「奥出雲おろちループ」の三カ所。

陰陽を結ぶ幹線道路である国道五四号沿線の駅は長距離トラック、ビジネス、観光など多様な利用者があるため、そうしたお客を見込んで食堂、レストラン、カフェ、特産品、農産物売り場などが整備されている。一方、三一四号沿いの駅は二重ループ橋、鑪関連の博物館といった観光スポットを訪れる人が多く、酒、木工品、刃物、米、そば、銘菓など沿線の特産品、お土産を販売するスペースに特徴がある。

これら七つの「道の駅」はすべて、指定管理方式によって第三セクターが管理、運営に当たる。その管理者を不安に陥れているのが、二〇一三年松江―三次ジャンクション（JCT）開通を目指して建設が終盤に差しかかった高速道路の尾道―松江線である。すでに松江―吉田掛合インターチェンジ（IC）間は二〇一二年春に開通しており、三次JCTまで開通すると広島市と松江市は中国道、山陽道を経て高速道で直結される。

長い間陰陽の動脈の役目を果たしてきた国道五四号は、高速道にその役目を譲り、交通量が激減するのは明らか。それを立証したのが、路線を特定して行われた高速道無料化の社会実験（二〇一〇年六月～一一年六月）だった。この実験で三刀屋木次IC―松江・出雲の区間が無料化され、「さくらの里きすき」は国道五四号の交通量が激減した。利用客が一〇年度だけで一二万五千人（前年度比一三％減）と過去最低を記録、初の赤字（二六〇万円）となった。旧木次町が二〇〇一年に過疎債など二億九千万円を投じて整備したこの「道の駅」、農産物の産直が人気を呼び、最盛期には二四万人近くが利用した。

一部区間だけの無料化でこのありさまとあって、指定管理者である「木次道の駅」は「高速道で広島とつながれば、利用者の増加は望めない」として二〇一二年三月で撤退した。

五四号線沿いの「道の駅」は「掛合の里」をトップに、九〇年代から二〇〇〇年代初めにかけて、合併前の自治体が競うように開設した。「きすき」がそうであるように、過疎債を財源に充てれば、借金の七〇％は国からの交付税で賄える。つまり自分のふところをさほど痛めることなく億単位の仕事ができる。それに、「道の駅」を利用した野菜や加工食品の直売所が併設され、高齢者からは「小遣い稼ぎになる」と喜ばれる。それをお役所流に表現すれば「農業振興に資する」ことになる。

というわけで、高速道路の計画を知りながら「道の駅」はできた。沿線旧六町のうち加茂町、三刀屋町を除く四町にある「道の駅」は、いずれも車で三〇分前後の位置にあって、その店構えは大同小異。車で通りかかった人には便利だが、経営となると胸を張れるところは少ない。五四号の場合、陰陽の都市間を結ぶ産業、ビジネス道路という性格が強いだけに、高速道路の開通に伴う影響はとりわけ深刻である。

「道の駅　頓原」。高速道開通に不安が広がる

一方、福山市を起点に神石高原町、庄原市、奥出雲町を経て雲南市で国道五四号につながる国道三一四号は、斐伊川本流域に沿った観光道路の色彩が濃い。三井野原の二重ループ橋の景観、JR木次線のスイッチバックを走るトロッコ列車、鑪製鉄関連の博物館、温泉めぐりなど観光資源には事欠かない。

しかし、沿線の「道の駅」も高速道路尾道―松江線の開通に伴う影響を避けられそうにない。というのは尾道JCT―三刀屋木次IC間は、高速道路会社ではなく国土交通省と広島、島根両県による、いわゆる新直轄方式で建設されるため、通行料金は無料。そうなると、山陽側からの観光客の多くは高速道路を利用していったん国道五四号に出て、そこから三一四号で斐伊川上流の観光地を巡ることになる。それだけ国道通行客は減り、したがって沿線の「道の駅」の利用者も少なくなる。

つまり、国道五四はもちろん、三一四号も高速道開通後の車両通行量の増加は期待しにくい。

「道の駅」だけではなく、五四号沿線ではすでにドライブインの縮小が進んでいる。赤名トンネルのすぐ北、飯南町赤名の複合店舗では二〇一一年夏、杵つき餅の製造販売を打ち切ったのが引き金になって、ついに全店が廃業した。東日本大震災で長距離輸送のトラックが激減し、加えて高速道の全通による交通量の減少を見越して、早々に撤退してしまったのである。沿道の飲食店、コンビニなどドライバー目当ての店が影響を受けるのは間違いないだろう。

打開策はあるのだろうか。この二年余り中国山地を訪ね歩いて、コンスタントに利用者があるのは、通過客だけを相手にするのではなく、リピーターを含めて集客力のある「道の駅」である。どこでもというわけにはゆかないだろうが、温泉やスポーツ施設を併設したり、それらに隣接した「道の駅」や地元民の利用に配慮した「道の駅」は、平日でも駐車場が車で埋まっている。地元民の利用というのは食品、惣菜、弁当などコンビニの役割を果たしているのだろう。すぐ向かいにコンビニがあっても、「道の駅」のレジにはお年寄りや主婦の行列ができていた。

国土交通省が言う「道の駅」三点セットは、いわば最低限の施設であって、それにソフトを含めてどれだけ付加価値を備えるかが問われるのかもしれない。

第六節　「木次乳業」の軌跡

「百姓　佐藤忠吉」――。大原郡木次町（現雲南市）の木次乳業有限会社を一九八四年一月に訪ねた時にもらった名刺である。社長だった佐藤さん（一九二〇年生まれ）は、いま九〇歳を過ぎて相談役におさまっているが、肩書きは「百姓」で通す。中国新聞の連載『新中国山地』に「農薬との決別」と題して書いた有機酪農は、三〇年近い歳月を経てさらに深化しただけでなく、広がりを見せていた。

細身の体から繰り出す哲学者のような一言一言は、当時よりいっそう鋭く研ぎ澄まされ、確信に満ちて聞き手の胸に突き刺さる。「食べるとは、地球上の生物の命をいただくこと」

「食べ物は商品ではない。健康と命の源」「田舎は都市の植民地ではない」…。福島原発事故に話が及んだ時「循環構造に組み込めないものを人間が扱うべきではない」と切って捨てた一言は、小規模複合経営、有機低農薬農業、地域自給型共同体の理想を追い求めてきた佐藤さんの、実践体験に根ざす言葉に聞こえる。

食と健康を基本に据えた佐藤さんの農業は、戦中戦後四年間の療養生活を踏まえている。農業近代化で酪農を手掛けた佐藤さんは、ほどなく乳牛の繁殖障害、乳房炎、起立不能障害といった壁に直面する。その原因が窒素過多の牧草による硝酸塩中毒と分かった時、有機酪農への挑戦が始まった。さらに健康に役立つ牛乳への模索は、栄養や風味を損なわない、我が国初のパスチャライズ（細菌学者パスツールが考案した低温殺菌法）牛乳で実を結ぶ。

牧歌的なイメージとは趣を異にする山地酪農を実現した「日登牧場」の乳牛は、スイスの山岳地帯に多いブラウンスイス種。白黒まだらのホルスタインに比べ、乳量は少ないが乳質で勝る。佐藤さんは、小ぶりながら褐色のつややかな毛並みと頑健な体躯に満足している。

木次乳業の経営は一九九六年、息子の貞之さん（一九四七年生まれ）に任せた。初対面のとき従業員は二〇人、それがいま六〇人に増えている。社員食堂の昼食に使う食材は、社員たち自ら有機栽培する米、野菜という「自給自足」体制。会社が扱う牛乳は近隣の酪農家からも集荷するので、ホルスタイン牛乳も含まれる。飼育法については「佐藤流」を押し付けはしないものの、厳格な乳質チェックでブランドを守ってきた。ただ、チーズやアイスクリームなど加工乳製品はブラウンスイス種にこだわる。

六〇度で三〇分。有益な細菌を残し、乳質を下げない木次乳業のパスチャライズ牛乳の評判は口コミで広がり、いまや中国地方から関西まで消費者が増えた。少々割り高でも「安心安全」を志向する時代、つまり佐藤さんが目指してきた「健全な食」が受け入れられる社会に近づいたということだろう。

とはいうものの、自らを「未完の百姓」と呼ぶ佐藤さんは「地域自給型共同体」のさらなる夢を追い続ける。「ワシはもう年寄りだけん、若い人にやってもらおうかと思うて」と、一九九三年から「食の自給を目指すゆるやかな共同体」づくりに乗り出した。かねてから温めてきたプランである。

この計画を、木次有機農業研究会の仲間で当時木次町長だった田中豊繁さん（現雲南市顧問）に持ちかけ、荒れた桑畑七ヘクタールを町が造成して新たな農場をつくった。そして一九九七年に完成し、企業家、農家、医師など一五人が出資する「食の杜《もり》」が動き出した。

「食の杜」シンボル施設兼研修場として、上流の尾原ダムに沈む茅葺き民家を移築し、有機農法でブドウを栽培する「大石葡萄園」、ワイン工房とレストランの「奥出雲葡萄園」、有機野菜づくりの「室山農園」、地産大豆を使う「豆腐工房しろうさぎ」、国産小麦粉と木次牛乳でつくる「杜のパン屋」、物産販売とカフェの「フードプラン」が活動している。佐藤さんは農場の一角にある選果場を兼ねた「食の杜センター」に、決して立派とはいえない事務所を構え、自宅から通ってくる。

有機農法を実践する人には、とかく「厳格」「信念」「頑固」といった堅苦しいイメージがつきまとう。自ら製造する牛乳パックに「赤ちゃんは母乳で育てよう」と表示するほどの人だから、そうした一面がないわけではなかろう。しかし半世紀を超える体験から「完全なものを望んじゃいかん。理想は掲げてもあの世へ行くまでたどりつけないから」と言ったり、共同体についても「人のふところへ入り込まん程度が肝心。やりすぎるとコルホーズやキブツのようになる」と口走ったりする。

「木次乳業」の佐藤忠吉さん

そうした思いが「自給を目指すゆるやかな共同体」を掲げる「食の杜」に体現されているのだろう。佐藤さんの肩肘張らない生き方に共鳴する人たちが、全国から見学にやってくる。農業にあこがれる若者、有機農業を志す人、「食」を通じて活動する主婦グループ…。

島根県内では、同じ雲南市吉田町で「株式会社吉田ふるさと村」の経営に当たっていた木村晴貞さん（一九四四年生まれ）が、職を辞して「木村有機農園」を立ち上げ、米と野菜の複合経営に取り組む。浜田市弥栄町で一九七二年、いわゆる全共闘世代の四人がつくった有機農業集団「弥栄之郷共同体」は、いま「農業法人やさか共同農場」に衣替えして味噌、米、シイタケ、野菜など有機食品づくりを手掛ける。いずれも佐藤さんとのつながりを大事にしながら「食」や「土」と向き合ってきた。

もともと話すのが好きな佐藤さんだが、有機農業や地域づくりについて、自らの体験は語っても理念や理想は語りたがらない。そんな佐藤さんが、筆者と二時間余のインタビューで珍しく口にした短い一言を、締めくくりに代えて書いておく。

「地域は活性化するより、むしろ沈静化したほうがよい」。

意表をつくこの言葉、佐藤さんの軌跡をたどると真意が見えてくる。経済的な豊かさだけを追い求めてきた戦後の日本は、大切なことを忘れてしまった。自給自足、地域のきずな、安全安心な食べ物…。肩を寄せ合って、ひとり一人が身の丈に合った暮らし方を大事にしていれば、今日ほど不安はなかったのではないか。活性化によってさらなる豊かさを追求するか否か。要は価値観の転換ではないのか。筆者は佐藤さんの「活性化より沈静化」をそう受け止めた。

第四章　備北の模索

――三次・庄原北部地域

「備北」という広域呼称は、岡山から広島県東部にかけての吉備文化圏に隣り合って二つある。岡山県北西部の高梁川流域、つまり新見市など「備中北部」地域、それに広島県北東部の江の川上流域、三次、庄原両市にまたがる「備後北部」地域。両地域とも「備北」と呼んで格別不都合がないのでそう言いならわしてきた。ここで報告するのは

備北位置図

後者、広島県の「備北」である。

「平成大合併」で双三郡（作木、布野、君田、三和、吉舎、三良坂）が二〇〇四年に三次市になって郡が消滅した。一方、比婆郡（東城、西城、比和、口和、高野）も二〇〇五年、庄原市との合併で消えた。その結果、とにかく市域が広がった。庄原市は全国九位の面積となり、両市の地図（二万五千分の一）を合わせると畳四枚分でもおさまらない。しかし両市の人口（庄原四万人、三次五万六千人）は足しても一〇万人に届かない。

「支所」の看板を掲げるかつての町や村役場は、職員数が大幅に減って広いスペースを持て余す。財政状況が好転する兆しは見えず、高齢化と少子化の同時進行で医療、介護、教育、交通、農地や山林の荒廃といった共通の難題を抱える。そんな中、中国山地を横断して尾道―松江を結ぶ高速道路が二〇一三年、松江から中国自動車道三次ジャンクションまで開通し、両県の県都である広島、松江両市は高速道でつながる。備北二市は広大な市域に戸惑いながら、新しい地域像を模索する。

第一節　牛と別れる日

庄原市高野町へ通じる県道を口和町宮内で西へ折れ、細い一本道を五分あまり上ると桑河内の棚田集落に入る。二〇一一年五月半ば、田植え準備をすませた小笠原良致《よしかず》さん（一九三四年生まれ）は、自宅から二〇〇メートルほど離れた川向こうの牛舎にいた。小笠原さんに声をかけると、五頭の牛がゆっくり振り向いた。かなり老朽化した牛舎は、屋根裏から藁が垂れ下がり、窓から差し込む日の光でクモの巣が光る。

川沿いを歩いて自宅に向かいながら、「来年の全共には牛はよう出さん」と言った。全共とは全国和牛能力共進会のこと。五年に一回開かれるため「和牛オリンピック」とも呼ばれ、二〇一二年秋の長崎県大会で一〇回を数える。小笠原さんは前回、米子市での鳥取県大会まで連続五回つまり二五年もの間、手塩にかけた牛が広島県代表になり、島根県大会での最優秀賞を含めてすべて上位入賞という実績を誇る。牛の名に小笠原家の屋号を冠した「まえざき」と言えば、この世界で知らない人はいない。

玄関を入ると廊下の両側に賞状と牛の写真がずらりと並ぶ。床の間、応接間には賞杯や賞盾がひしめき、額縁に入った賞状には総理大臣や農林水産大臣の名前が墨書してある。「牛飼い名人」の名をほしいままにした小笠原さんは昨年、飼料の藁を屋根裏から下ろしていて転落し背骨を傷めた。「病院から戻って急に気力が失せた。もう全共へ牛を連れて行くこともあるまい」。過去の栄光と牛飼いで培った幅広い人脈を得々と語るなめらかな舌とは裏腹に、明日を語る口調は重い。

和牛一筋の小笠原良致《よしかず》さんも牛と別れる日が…

六〇ヘクタールの山林のうち四〇ヘクタールを林間放牧場にして、足腰の強い、全身が引き締まった牛を育てた。「全共が近づくと牛の調教、運動、ブラッシングなどすべて牛に集中した。恥ずかしい牛は見せられんし、美しく仕上げるのが生きがいだった。入賞するのはもちろんうれしい。でも、それだけの元手をかけても、残るのは賞状と賞杯だけ。喜ぶのは『広島牛』のブランド価値が上がって高値で売れる周囲の人ばかり。とてもそろばんは合わん」。これが数々の栄光を手にした「名人」の、現在の偽らざる心境だと言う。

旧口和町時代に役場前に建立した黒光りする和牛の銅像も、県道わきの「日本一の和牛のふるさと」の大看板も合併前のまま。しかし、牛飼い農家は年々減っていま五〇～六〇戸、それもほとんど一、二頭飼い。小笠原家も、市役所に勤める息子さんは「牛がいなくなって、おやじが老い込むのは困るから」と応援するが、自ら牛を飼うつもりはない。牛に精魂傾けてきた小笠原さんは「わしの代までかな」と寂しく笑った。

小笠原さんの牛もそうだが、備北一帯の牛の多くは「ばば」と呼ばれた名牛の血をひいている。その名牛を育てたのは口和町大草の松永房一さん（一九八八年没）、喜美子さん（二〇一〇年没）夫妻。無類の牛好きだった二人は、戦前の一九三八（昭和一三）年に買い求めた牛を、屋号にちなんで「ばば」と名付け、丹精込めて育て上げた。「ばば」とその仔は次々と仔牛を産み、その中の一頭「第八しんばば」が一九五三年、広島で開いた第一回「全国和牛共進会」で最高の栄誉である農林大臣賞に輝いた。

この大会、略せば「全共」だが、一九六六年に始まった現在の「全共」（全国和牛能力共進会）とは異なる。戦後間もない一九五〇年代、牛は農耕に欠かせない「農宝」だった。「粗食に耐え」「従順に働き」「よく仔牛を産む」ことが、当時の優れた牛の要件だった。しかし、一九五〇年代後半から六〇年代前半にかけての高度経済成長期、牛は耕運機、トラクターに「農宝」の座を奪われた。以後、農耕と無縁になった牛の評価は霜降り肉に象徴される「肉質」一辺倒となり、一九六六年、現在の「全共」に衣替えした。

「ばば」が日本一になった一九五三年第一回の旧「全共」は、中国五県に兵庫県を加えただけ。もっと突き詰めれば中国山地の牛の品評会だった。裏を返せば、当時の日本の牛を語るには、中国山地の牛さえ見れば十分だったということである。いま、全国あちこちの地名を冠したブランド牛肉が流通しているが、ルーツをたどれば例外なく中国山地の牛にたどり着く。中国山地は日本の和牛（黒毛和種）のふるさとなのだ。

牛の改良はいま、凍結精液の普及によってオス牛（名前は漢字表記）の系統が重視される。しかし、ひらがなで表記されるメス牛の役割が小さくなったわけではない。松永家の「ばば」の血をひく牛は、二代目の尚さんが二〇一一年一月に亡くなった後、孫の一誠さん（一九六九年生まれ）が受け継ぎ、運送会社で働きながら、母の明美さん（一九四五年生まれ）と二人で四頭の素牛《もとうし》を飼う。

松永家の墓地には一族の墓と並んで「馬場先祖代々の霊」と刻んだ墓がある。墓石前面の「牛」の文字の浮き彫りがなかったら、牛を弔うとは気づかないほど立派な墓。二〇一〇年一月、九七歳で亡くなった「ばば」育ての親である喜美子さんが、感謝を込めて生前に建てた。墓には初代「ばば」が松永家に来た年月日を記し、「ばば」の子孫たちに寄せる喜美子さんの思いが、以下のように刻んである。

「ばばの仔《こ》よ　いづこの果てに行こうとも　霊よかへりて　ここに眠れや」

「おばあちゃん（姑《しゅうとめ》）は寝ても覚めても牛でした。私がちょっと手を抜くと機嫌が悪うなってね。牛草も『手刈りでないといけん』言うて、草刈り機は使わせてもらえませんでした。

一日三度の餌のほかにおやつを与えてね。そりゃあ人間以上のかわいがりようで」。嫁として、妻として、母として松永家で生きてきた明美さんは、姑と夫を相次いで失い母子二人になって、いつの間にか牛好きになっている自分に気づいた。「牛はかわいいですよ。私が元気な間は続けたい。でも息子に無理は言えません。牛では食べられませんからね」。

二〇一一年夏に手放したオスの仔牛が四〇万円。今いる二頭の仔牛を一年後にセリにかけたとしても、合わせて一〇〇万円には届かないだろう。それと米の収入だけではとても生活できない。松永家も、小笠原家がそうであるように、やがて牛と別れる日が来るに違いない。

隣の庄原市比和町三河内で、二頭の素牛を飼っている中丸茂さん（一九二九年生まれ）に会った。中丸さんもまた小笠原さんたちと飼育技術を競い、鳥取、岐阜の「全共」に出品した実績をもつ。自宅脇の牛舎をのぞくと、広い牛舎に素牛が二頭しかいない。二頭は「ばば中丸八」と「ばば中丸九」。名前が示すように、松永家の「ばば」の血を引き、中丸家で生まれた姉妹牛である。

「ワシも喜寿を過ぎたし、六頭だった素牛を年に一頭ずつ減らして、残ったのがこの二頭じゃ」。訪ねた日、中丸さんは出産を間近に控えた牛をなでながら言い、「オスが産まれりゃあええが、メスが産まれたら…」と付け加えた。オスなら躊躇なく手放せるが、メスだとまた飼いたくなるかもしれない。オスのほうが牛と別れる踏ん切りがつくというのである。

秋風が吹く九月、中丸家に電話を入れた。奥さんが「困ったことにオス、メス一頭ずつ産まれたんです」と教えてくれた。中丸家が牛と決別するかどうか、メスの仔牛が成長するまで決断は先送りになりそうだ。

第二節　ワニ料理とネット情報

庄原市高野町と三次市を結ぶ県道の途中に延々と続く谷がある。口和町竹地谷。三〇年近く前、中国新聞の連載『新中国山地』取材で行き来したときは、道が川沿いに曲がりくねり、雪道で対向車と離合するたびに冷や汗をかいた。今は道幅も広がり、カーブも改良されてずいぶん走りやすくなった。沿道近くで尾道―松江を結ぶ高速道路の工事が進んでいる。開通すると竹地谷を往来する車は少なくなるだろう。

一五キロほど続く谷の中ほど、廃校になった竹地谷小学校を見上げる川のそばに、「まんさく茶屋」の看板を掲げる食堂がひっそりと建つ。一九八〇年代後半、備北に伝わる郷土食のワニ（鮫《さめ》）料理で大いににぎわった店である。高野への道すがら何度か寄ってみたが、入り口に鍵がかかって営業している気配はない。窓越しにのぞくとテーブルや厨房はきちんと整理され、廃業したわけでもなさそうだ。

川向こうの家を訪ねて聞いてみた。「詳しいことは知らんが、時々、マイクロバスや車が入っとるよ」と言い、関係者の勤め先を教えてくれた。谷を下って一〇分あまり、和牛のふるさとにあやかって名付けた「モーモー物産館」の一室で、パソコンに向かう前杢《まえもく》みどりさん（一九五五年生まれ）に会った。「まんさく茶屋」の一キロ上流に住むみどりさんは、物産館の事務を担当する傍ら、近所の渋谷加代子さん（一九五二年生まれ）と二人で「茶屋」を切り盛りする。

「お客さんの予約があれば店を開けるんですけどねえ」と困ったような表情で言う。「その予約が、東京だったり岡山だったり、大型バスのグルメ・ツアーもあれば少人数の郷土食グループもある。いつどこから予約が入るかわからなくて…」。

みどりさんが戸惑うのも無理はない。グルメ漫画で知られる『美味しんぼ』（ビッグコミックスピリッツ・小学館）で「まんさく茶屋」のワニ料理が取り上げられて以来、いつ、どこのだれが、店のワニの味に興味をもってくれ、実際に食べに来てくれるか全く見当がつかない。それに二〇一一年四月、食用油メーカーのインターネット・ホームページ「発見！ご当地『油』紀行」に「まんさく茶屋」のワニのフライとおやつが紹介され、関心を持つ人の輪がまた広がった。

「ワニ」を国語辞典で引くと「鮫の古語」とあるから、備北一帯だけの特別な呼び方ではなかったようだ。鮫は体内にアンモニアをため込むため腐敗がすすみにくいと言われる。生の魚など口にできなかった江の川上流域で、唯一生で食べられたのがワニだった。山陰の大田市近海でとれたワニを、中国山地の真っただ中まで生で運んでワニの食習慣が定着した。秋祭りから正月にかけ、備北では腹が冷えるほどいっぱい食べた。もっぱら刺身で食べ、さまざまな料理法が広がったのは一九八〇年代、県の生活改良普及員として長く庄原を担当した小林富子さんのアイデアによる。いまは日本海ではなく高知、宮崎など太平洋産が多い。

さて、中国山地の谷筋に春を告げるマンサク（別名タニイソギ）の花にちなんで名づけられた「まんさく茶屋」、備北ではなじみ深いワニ料理の店として一九八六年、地元の主婦グループ六人が開いた。小林富子さんが考案したワニ料理を看板メニューにしたところ、珍しさと懐かしさで一気に知れ渡った。

そのころグループの代表として店を切り盛りしていたのが、みどりさんの義母・笑子さん（一九三三年生まれ）である。しかし、グループに病人が出たり親の介護で店に出られなくなったりして「茶屋」の営業がむずかしくなった。そんなとき漫画『美味しんぼ』が「まんさく茶屋」のワニ料理を取り上げ、店の名は全国に広まった。しばらくして静かになったと思ったら、今度は漫画の単行本が出版され、インターネットにグルメ情報が次々載ってまた忙しくなった。そして笑子さんの持病が悪化したのを機に、みどりさんが隣の渋谷さんを誘って店を引き継いだ。

いつも店を開けておくわけにもゆかないので、予約制に切り替えた。予約があれば食材のワニを取り寄せ、山菜を採りに山に入る。前の日に下準備をし、当日調理する。調理法は笑子さんをはじめ先輩から手ほどきを受けた。

「まんさく茶屋」の前杢みどりさん（右）と渋谷加代子さん

人気メニューは「ワニ定食」。ワニの炊き込みご飯、ワニの南蛮漬け、ワニの刺身、湯引き、にこごりとワニづくしである。ほかにも小林さんが考案したマリネ、フライ、酢豚、カレー、ハンバーグなどワニを使った一品料理もある。「お客さんは鮫の姿を思い浮かべて、はじめは恐る恐る口に入れていますが、すぐに表情がなごみますよ。私も嫁に来るまでワニを口にしたことはありませんでした」とみどりさん。

「娘に農業をさせるために育てたつもりはない」という親の反対を押し切って一九七七年、広島市内から嫁いできたみどりさんは、とにかくよく働く。夫と米、野菜を栽培しながら、ふだんは「モーモー物産館」の事務、予約が入れば「まんさく茶屋」の厨房に入る。ここまでまだいいが、竹地谷の野菜、山菜、餅などを車に積んで庄原市内や広島の団地で定期的に朝市を開く。広島市中心部の本通商店街にあるアンテナショップ「夢プラザ」にも開店以来欠かさず特産品を持ち込む。その間、商品のバーコード処理が始まると広島市内のパソコンスクールに通い、介護のことも学んでおかねばとヘルパーの資格もとった。

「私らがワニの店を開いたばっかりに嫁に迷惑をかけとる」と笑子さんが言えば、「なかなか痩せんのは、まだ仕事が足りんのじゃろう」とみどりさん。「私らを本当の母子と思い込んどる人が結構多いんよ」とみどりさんがおどけた。

「まんさく茶屋」を預かるみどりさんと渋谷さんには、改めて店で会った。裏を流れる竹地谷川の心地よい瀬音を遮るように、高速道工事のダンプカーがひっきりなしに行き来する。「この店も、ダンプカーの騒音が消えた時が分かれ道かもしれんね」と渋谷さんが言った。

一九八三年に連載が始まった『美味しんぼ』は途中で一時休載はあったものの、原作・雁屋哲、作画・花咲アキラのコンビで今も続いている。単行本はすでに一〇七巻を数える。「まんさく茶屋」を扱った一七巻所収の「エイと鮫」を、いつ、どんな人が読んで竹地谷に足を運ぶか、二人にも分からない。インターネット上には『美味しんぼ』情報があふれ、食用油メーカーの「発見!ご当地『油』紀行」がネットから消えることは当分ないだろう。

高速道路が開通し、車で一〇分ほど下手にできる口和インターからお客が竹地谷を上って来てくれるかどうか。「高速料金が無料区間なので、県外のお客さんは案外増えるかもしれんねえ」。二人はそう言いつつ「高野を行き来する地元の車が減るのは間違いないね」とも言った。

第三節　建設会社とイチゴ工場

「俵原」位置図

島根県境まで一キロ足らず、猿政山（一、二六七メートル）の麓にある俵原は標高七五〇—八〇〇メートルの高原である。広島市内のサクラが満開の四月上旬、国道四三二号から一〇キロ余り入った俵原はまだ雪に埋もれていた。かつてここに九戸が暮らしていた。いま定住するのは原岩美さん（一九二八年生まれ）ただ一人。川向こうの坂家早苗さん（一九二六年生まれ）が暖かい季節だけ戻ってくるので、夏場は老婦人二人になる。

「この奥に五年前、大きな温室ができて若い人らが毎日通うてくるけえ、道が雪で埋まるこたあない。診療所まで送り迎えがあるし、住みようなった。でも、この冬（二〇一一年）は雪が六尺（一・八メートル）とは言わん積もった。家がつぶれんように、役場に頼んで下ろしてもろうた」。二度目に訪ねた六月、原さんは家の前の畑にトウモロコシを植えながら、俵原での暮らしを話してくれた。坂家さんも戻っていて、家のそばの水田で稲が青々と育っていた。米つくりは息子さんが帰って来てやってくれる。「ここの暮らしが気楽でええ」という坂家さんが受け持つのは、水の管理と草刈りだけ。

俵原には一八ヘクタール近い農地がある。しかし、それは帳簿上だけのことで、地元の人が耕作しているのは坂家さんの水田六〇アールと両家のわずかばかりの畑だけ。あとは荒れ放題。残っている二軒の空き家も、大雪でずいぶん傷んでいる。ここは一九八〇–九〇年代にかけ、尾道市向島のラン栽培農家が夏場の涼しい気候に着目して、鉢植えのランの「避暑地」として利用していた。しかし、輸送、管理コストがかかりすぎるため撤退してしまった。

いま、ランの「避暑地」に代わって威容を誇るのが、原さんが「大きな温室」と言ったガラス張りのイチゴハウスである。

それはもう農業用ハウスというより工場に近いたたずまいである。下手に六棟、五〇〇メートル離れた上手にさらに八棟、合計一四棟、総面積二ヘクタールの軽量鉄骨を使ったイチゴハウスが整然と並び、陽光を反射してまぶしく光る。

「有限会社RED」の看板を掲げるプレハブの事務所を訪ねた。「私が責任者です」と差し出した名刺に「取締役　小林修」とある。一九八三年生まれというからまだ二〇代。同じ庄原市の西城町から毎日、三〇キロ以上の道を一時間かけて通ってくる。社長は父の茂樹さんで、小林建設の社長でもある。「公共事業が減って、土木建設業は経営改革を迫られている。経営多角化の一環として農業への参入に踏み切ったということです」と小林修さん。

ハウスは二〇〇六年、五億円を投じて建てた。その半分は建設業の多角化を支援する国の補助金を充てた。イチゴのシーズンと言えばクリスマスから初夏までだが、REDは夏から秋に収穫する「夏秋イチゴ」を栽培する。品種は「エラン」「さがほのか」「サマールビー」など。すべて水耕栽培で、ハウスの温度や水に加える養液はコンピューター制御。

REDのイチゴが青果市場に出回ることはない。収穫したイチゴは粒の大きさ、熟度に応じて選別し、傷まないよう、くぼみのあるトレーに一粒ずつ丁寧に並べ箱詰めする。それを、広島を中心に西日本のお菓子屋さんへ、ショートケーキ用として宅配便で毎日出荷する。従来、この季節のケーキ用イチゴはほとんど輸入に頼っていたが、鮮度、安全性、食味などから国産の需要が高まり、夏秋イチゴを手掛ける農場が増えた。REDと同じ夏秋イチゴの農場が庄原にはほかに三社あり、うち一社もまた多角化の一環として土建業者

イチゴハウスで作業する中国からの研修生

が手掛けている。

「俵原は真夏でも気温が三〇度を超えることはないし、上品な酸味、見た目の鮮やかさ、日持ちのよさなど品質をお菓子屋さんから評価してもらっている」。自信をのぞかせる小林さんだが、冬の雪は想定外だった。温室だから屋根に雪が積もることはない。ただ「ずり落ちて堆積した雪がハウスとハウスの谷間を埋め、鉄骨やガラスが壊されないよう除雪するのが大変でした」と振り返った。

夏の出荷最盛期にはパートの婦人に応援を頼む。それ以外の定植、下葉除去、摘果、収穫、そして翌シーズン用の苗採取は一〇人の若者が担う。その若者たちの半数は若い女性である。

三度目に訪ねた二〇一一年六月下旬、小林さんは「彼女たちは中国とベトナムから来た研修生です」とこともなげに紹介してくれた。中国東北部から一〇年春に来たという張紅燕さん（一九八九年生まれ）ら中国人三人は、二年目ということで手慣れた要領で作業をこなす。一方、来日してまだ間がないベトナムからの研修生は、おぼつかない手つきで摘果に汗を流していた。三年間の研修期間中、彼女たちは高野町内の宿舎に自炊しながら寝泊まりし、会社のマイクロバスで俵原に通ってくる。

「研修生は指示には忠実だし、まじめによく働いてくれます。でも、ちょうど仕事に慣れた三年で研修期間が切れるのはもったいない。期間が延長されれば、彼女たちも喜ぶのに」。小林さんは研修制度の杓子定規な運用に不満を漏らした。

それにしても、五億円もの巨費を投じての土建業界からの農業参入。地元の専業農家からは「われわれはとても真似できない。失敗したらどうするんじゃろうか」とやっかみ半分の声が聞かれる。

いま、高野町一帯では高速道路建設が、三次ジャンクションまで二〇一三年開通を目指して追い込み。一方、二〇一一年庄原市を襲った局地的な集中豪雨の復旧工事で、地元の土木建設業界は受けに入っている。「そうは言っても、高速の工事はあと一年で終わりだし、工事の大部分は大手ゼネコンが請けている。災害復旧も二年目だからあと一年余りでしょ」。父が経営する建設業に直接かかわることはないにしても、小林さんは業界の動向に無関心ではいられない。「長い目で見ると、建設業がかつてのような活気を取り戻すとは考えにくい。僕自身は、ようやく軌道に乗ってきた夏秋イチゴで頑張るだけです」。小林さんはそう言ってイチゴハウスへ向かう車に乗り込んだ。

第四節　「あとつぎ会」の心意気

筆者の個人的な心情を吐露すれば、広島県の最北端、庄原市高野町は中国山地でも心安らぐ地域の一つである。標高五〇〇メートルを超える高原地帯。ゆったりと広がる水田、長大なビニールハウス群、緩斜面に連なる黒土の畑、そして果樹園。山並みの雄大な景観もさることながら、訪ねる度にそこに生きる人たちの農業への確信のようなものが伝わってくる。

それを支えるのは若者たちである。

一九六〇年代半ば、先輩記者が書いた『中国山地』にも、二〇年後の八〇年代に筆者も取材に加わった『新中国山地』にも、高野町の「あとつぎ会」の農業青年が登場する。いま、三世代目に入った二一世紀の「あとつぎ会」は、先輩たちが築いた高原農業を少しずつ改革しながら生き生きと活動していた。

初代「あとつぎ会」は戦後の農地改革から高度経済成長期にかけて、稲作をベースに和牛、酪農、リンゴで生きる営農基盤を築いた。二代目は基本法農政に振り回されながらもダイコン、転作田を利用したハウス野菜、リンゴの規模拡大など「脱コメ」で自活する方策を確立。そして三代目は法人化による稲作の省力化を進める一方で、トマト、ホウレンソウ、リンゴ、酪農といった専門性の高い分野に挑む。

三代目「あとつぎ会」は総勢二〇人。二代目までの「二〇代限定」とは違って三〇歳代を含む後継者で、大半は専業農家。合併を機に旧七市町を統合して発足した「庄原ヤングファーマーズ・クラブ」(四〇人)でも高野の「あとつぎ会」は圧倒的多数を占める。数の多さだけでなく技術の高さでも、ほかの地域の若者のリーダー的な存在である。

二〇一一年度から「あとつぎ会」会長としてグループを率いるのは馬舩純一さん(一九七七年生まれ)。自身は三枚の転作田に一一棟のビニールハウス(実面積五五アール)を建て、トマト栽培に取り組む。田んぼの広さによってハウスの大きさは異なるが、最大で間口七・二メートル、奥行き九〇メートルもある。その広いハウスに、三段階に時期をずらして自家製のモモタロウの苗一二、〇〇〇本を植え、七月下旬から一〇月下旬の霜が降りる前まで出荷する。

家庭菜園のトマトはせいぜい高さ二メートル、下から順に花を咲かせ五段くらいで芯を止める。ところが馬舩家のハウスでは背丈の二倍以上、一〇段まで実らせる。上のほうは手が届かないので、三メートルくらい伸びたら枝を下に向けて誘引する。それでも届かなくなると専用の下駄を履いて収穫する。その間、トマトは次々と脇芽を出す。これを摘み取るだけでも大変な労力がいる。トマトが熟れはじめると、真夏は暑さを避けて夜明け前から収穫し、昼間は屋根の下で選別、箱詰めする。それを父母と馬舩さん夫婦の家族四人が手分けしてこなす。

トマトハウスの馬舩純一さん

　筆者が『新中国山地』を取材したころ、中国山地のハウストマト産地は広島県芸北町（現北広島町）、豊松村（現神石高原町）、岡山県備中町（現高梁市）くらいで、あとは露地栽培だった。聞けば馬舩家も「あとつぎ会」第二世代に当たる父の輝雄さん（一九五〇年生まれ）が、七三年から露地トマトを手掛けたというから栽培歴は長い。それを純一さんが東京農大を出て青果市場で二年働いたあと引き継ぎ、病虫害の少ないハウス栽培に切り替えて収穫も安定した。

　いま「あとつぎ会」はリンゴ栽培が八人と最多、次いでトマト五人、ホウレンソウ四人と続き、かつて多かったダイコンは一人に減った。一九七〇年代に「高野ダイコン」のブランドを確立したダイコン農家は、毛無山のふもとに大規模な農場を造成したものの、連作障害や収穫の重労働を敬遠して跡継ぎが育たず、高齢化に伴って栽培農家が少なくなっている。

ところで、「あとつぎ会」を取材していて、後継者のお嫁さんの大半が都市部から嫁いできているのに驚いた。独身の四人を除く一六人のうち呉、東広島を含む広島都市圏の出身者が九人、それ以外に福岡、長野から嫁いだ女性もいて、地元女性は少数派である。大半が農業とは無縁の独身時代をすごしたあと専業農家に飛び込んだ。馬船さんの妻・恵里さん（広島市佐伯区出身・一九七六年生まれ）もその一人だが、農業志望だった彼女は広島市郊外の農園で二年間働いた経験をもつという点では例外的な存在。二〇〇九年に長男の源太君を出産し、しばらく子育てに専念していたが、二歳の誕生を過ぎたころから徐々に農作業に復帰している。

そういえば彼らの親たち、つまり「あとつぎ会」第一世代も都市から嫁いだ女性がけっこう多い。聞いてみると学生時代に知り合って、帰郷後しばらくしてゴールインというカップルが目立つ。高野で農業を継ぐことへの誇りといったものが、都市の女性たちをひきつけたのかもしれない。

中国山地では一九七〇年代ころから「嫁ききん」を嘆く農家の深刻な声を耳にしてきた。高野でもそういう悩みがないわけではない。しかし、平均耕作面積二ヘクタールという農地の広さと高い技術力に裏打ちされた自信が、若い女性たちに受け入れられたのであろう。

「あとつぎ会」会長の馬舩さんは「農業者同士の付き合いも大事だが、異業種、たとえば商工業後継者のＪＣ（青年会議所）との交流を通して、農業に新しい風を吹き込めないだろうか」と夢を膨らませている。いわば一次産業と二次、三次産業の連携による「六次産業」への挑戦である。「一、二、三は足しても掛けても六。もう全国でそういう取り組みが実を結び始めている。われわれも傍観している時ではない」と熱を込めて言う。

聞きながら、馬舩さんが思い描いているのは農・商・工連携による地域おこしなのだろうと思った。それなら豪雪地帯の高野ですでに始まっている「雪室《ゆきむろ》プロジェクト」がある。厄介な雪を逆手にとって、廃校グラウンドの一角に建てた雪室に約一〇〇トンの雪を詰め込み、食品貯蔵の実証実験を行ってきた。詳細は後節に譲るが、リンゴジュース、日本酒、キムチを雪室に半年間貯蔵した結果、絶妙の味に仕上がった。農業と商工関係者が「雪」をキーワードに連携する高野ならではの取り組みが、地域に新しい産業を生み出す可能性を開こうとしている。

第五節　高速道とリンゴ農家

思い込みはだれにでもあるが、東日本では「広島に雪は降らない」と思い込んでいる人が結構多い。「リンゴが実る」と言っても「ミカンの間違いだろう」と信じようとしない。しかし実際には三次、庄原両市を含む中国山地の六市町が「豪雪地帯対策特別措置法」（一九六二年制定）に基づく豪雪地帯に指定され、除雪、通信確保、医療などで優遇措置を受けてきた。庄原市高野町もそんな豪雪地帯にあって、積雪量、平均気温とも青森県に匹敵し、青森に負けない「完熟蜜リンゴ」が自慢である。

前節で触れた高野町の「雪室プロジェクト」実証実験は、厄介ものの雪から「福」を生み出そうという中国山地で初の試み。一帯では冬場の生鮮食品を確保する手段として、野菜が凍結しないよう地中に貯蔵する生活の知恵が息づいている。北陸から東北、北海道の

高速道尾道ー松江線

豪雪地帯では五年ほど前から雪に打ち克つ「克雪」の一環として雪室が活用され、すでに「雪室ポテト」「雪室酒」などが出回っている。

高野町の雪室プロジェクトは二〇一〇年度まで二年間の実証実験を経て、リンゴジュース、日本酒、キムチの三品を一一年夏、雪室を開けて売り出した。リンゴジュースは「雪室蔵出し　完熟たかのりんご」のラベルを貼り、町内のリンゴ園や広島市本通りの「夢プラザ」で販売したところ、甘さたっぷりの風味にまろやかさが加わって、一〇日ほどで完売。リンゴを加えた地元産のキムチもソフトな辛さが評判を呼び、日本酒「庄原雪美人」も早々に売り切れた。

地上に建設した実証実験の室雪は真夏も雪が残り、室温零度前後、湿度九五％以上を保持した。大量の雪を詰め込むためには、雪室を地下構造にして作業効率アップを図る必要があるなど改善点もみつかった。また特産のダイコン、山菜などを端境期に出荷する保存技術開発、さらには特区指定による「濁り酒」など新商品への雪室活用といった研究課題も浮かびあがっている。

「雪室ブランド」を目指すこれらの飲食品には、尾道―松江を結ぶ高速道路の二〇一三年開通への期待が込められている。高野インターチェンジそばに庄原市が建設する「道の駅」で、雪室をセールスポイントにした新商品を売り出そうというのだ。総事業費九億円を見込む「道の駅」は、二万六千平方メートルの敷地に交流ターミナル、レストラン、物産販売コーナーといったおなじみの施設のほかに、実証実験のノウハウを生かした雪室を併設して「蔵出し販売」をねらう。

高速道路に期待を寄せるのは、なんといってもリンゴ農家だろう。沿線では唯一のリンゴ産地であり、果樹園芸組合に加盟する一七戸のリンゴ農家は「高野リンゴ」のブランドを高めようと、栽培技術の向上、品質アップに取り組む。

高野リンゴは一九五〇年代半ばに導入して以来、半世紀を超えて受け継がれてきた。栽培農家は最大で六〇戸を数えた時期もあるが、一九六三年の「三八豪雪」で壊滅状態になって激減、さらに後継者不足などで減り続け、結局、精鋭農家だけが残った。一九八五年、筆者は中国新聞の連載『新中国山地』の取材でリンゴ農家の大坂秋雄さん（一九五〇年生まれ）、島津宏さん（一九五五年生まれ）と会い、「あとつぎ会OB」のタイトルで農業の将来を語ってもらった。当時、「あとつぎ会」は二〇代の農業青年だけの組織で、二人は三五歳と三〇歳ですでにOBだった。

「あとつぎ会」第二世代に当たる二人は、台風や豪雪、さらにはクマによる食害や折損被害と闘いながら、有機栽培、品種改良などに挑戦してきた。そしていま、二人は健君（一九八一年生まれ）、宏之君（一九七八年生まれ）という第三世代の後継者を得て、高速道開通以後のリンゴづくりを見据える。

高野リンゴが市場に出回ることはない。リンゴ農家は、訪れる観光客向けの観光リンゴ園、直売、ジュース加工、それに贈答用のリンゴだけで経営を維持してきた。それだけ規模が小さい反面、品質の高さで経営が成り立ってきたということでもある。しかし、高速道路が開通すれば、一日九、〇〇〇台と見込まれる交通量から考えて、従来の経営パターンで需要増に対応できないのは目に見えている。

経営規模を拡大すれば、ほとんど家族労働だけで剪定、摘（花）果、袋かけ、収穫、販売、発送をこなしてきた労働配分のどこかにひずみが生じる。リスクをおかしてまで完熟にこだわってきた品質に影響するかもしれない。水田転作作物として規模を拡大したり、廃業するリンゴ園を引き受けるなどして広がった一戸当たりの経営面積を、これ以上増やすのは極めて難しい。

リンゴ剪定作業の打ち合わせをする
大坂秋雄さん（左）と家族

ではどうするか。大坂さんが思案の末たどりついたのは「労働力の季節配分を変えて、リンゴのシーズン以外にもお客さんに来てもらう」ことである。分かりやすく言うと、リンゴに比較的手をとられない季節をねらって、新しい果物を導入しようというのだ。大坂さんが目をつけたのがモモ。開花から収穫までの期間がリンゴより短く、しかも収穫は初夏。「どうなるか自信はないが、試験的に植えてみた。リンゴの品質を維持しながら、家族四人でやれそうな気がする」と大坂さん。休耕田に植えたモモは、四月下旬に訪ねたとき花をつけていた。同じような発想でブドウ栽培を始めたリンゴ農家もある。

モモやブドウなどリンゴ以外の果物が高野の気候風土に適合するかどうか、試験栽培の結果を見なければわからない。とはいえ高野の農業の強みは、それを可能にしてくれる農地があって、しかもチャレンジする農家があるということだろう。既存の作目にとらわれず、新しい試みに挑む柔軟さと決断力。高野の農業を振り返れば、リンゴもダイコンもトマトも、そうした風土の上に花開いた。

高速道路が背中を押したとも言える新種の果物への挑戦、中国山地の今後にとっても重要な試金石となるだろう。

第六節　第三セクター「㈱君田21」

日本で第三セクター（三セク）という言葉は、いつごろ使われ始めたのだろうか。自治体（第一セクター）が民間企業（第二セクター）と共同出資して設立した法人を意味する三セクは、一九八〇年代後半のバブル期、官民挙げて進めるリゾート開発の便法として全国の自治体に浸透した。例えば岡山県が主導したテーマパーク「チボリ公園」、宮崎県の「シーガイア」、夕張市の「石炭歴史村」がある。しかしバブルがはじけ、いずれも巨額の負債を抱えて瓦解した。

三セクは中国山地の市町村にもほぼ例外なくある。多くは竹下登元総理が「ふるさと創生事業」で全国の自治体に一律一億円をばらまいたバブル絶頂期（一九八八—八九年）、温泉、運動公園、宿泊施設などの管理運営に当たる法人として次々に誕生した。全国に一、〇〇〇ヵ所近くある「道の駅」も、ほとんどが三セクで運営されている。三セクの経営状態はというと、これまたほとんどが申し合わせたように赤字経営で、いまや三セクは自治体の無責任経営体質の代名詞と化した。

「君田温泉　森の泉」を中核として、宿泊、レストラン、農産物直売、コテージ、美術館、「道の駅」などの運営に当たる三次市君田町の「株式会社君田21（トゥエンティワン）」もまた、どこの町や村にもある至極ありふれた三セクの一つである。先に触れた「ふるさと創生事業」の一億円で、旧君田村時代に江の川支流の神野瀬川沿いに温泉を掘り当て、のちにフォレスト（森）とレスト（休息）をもじって「ふぉレスト君田」と名付けた「道の駅」を併設したという点でも、時流に乗り遅れることなく走ってきた典型的な三セクと言えよう。

その「君田21」がほかの三セクと決定的に違うのは、会社設立以来ずっと黒字経営を持続してきたことである。旧君田村が四〇%、村民が六〇%を出資して一九九六年に発足したこの会社、「失われた一〇年」と形容された不況のどん底の時代でも五%配当を維持したほどの優良企業、いわば三セクの優等生である。

泉源の掘削当時は役場の総務課長、三セクを立ち上げた時は村長だった藤原清隆さん（一九三二年生まれ）が、三次市と合併（二〇〇四年）後の今も社長を務める。「運営は支配人に任せてきたんでよう分からんが、温泉が気に入って何度も来てくださるお客さんが多い。結局、従業員に『もてなしの心』が浸透しとるんでしょうのう」。まるで他人ごとのような口調、裏を返せば現場を信用している証しなのだろう。

藤原さんが課長、村長時代の部下だった古川《こがわ》充さん（一九五三年生まれ）は、温泉開発、三セク設立を担当し、さらに支配人（常務取締役）として「君田21」の運営に心血を注いできた。「役場で仕事を引き継いだ時、泉源を掘り当てたらクアハウス（温泉利用の保健・保養施設）をつくる方向が決まっていたんです。でも、村長はクワハウスを見たことないというし、クアハウスなんてだれも知らない。そこで、村民にとって本当に必要な施設は何かというところまで戻って計画を練り直し、その結果『森の泉』になった」。二〇〇九年に退任した古川さんは、自宅離れ二階を改造した書斎兼オフィスで、役場時代から三セク支配人として働いた当時を振り返った。

青森県の津軽平野に生まれ、大学を出て神奈川県庁に入り、「地方の時代」を提唱した長洲一二知事のもとで働いた。一九八三年、奥さんの故郷である君田にIターンし村役場職員になった。同じ役所でも県庁と役場は大違い。「私生活と公務を区別してもらえない、つまり私生活でも役場の仕事でとやかく言われるんです」。そんな経験を経て、クアハウス計画を白紙に戻し、「君田らしさ」を前面に打ち出した。そして村民も村を出て都会に暮らす人も、故郷を誇れる施設にしようとしてたどり着いたのが「森の泉」だった。

村民と膝を交えて懇談会を開き、産業振興と雇用創出に役立つ施設の在り方を話し合い、「村民の会社」という意識を高めた。株主募集に予想を超える一五〇〇人の村民が応じ、三セク「君田21」は手作りの会社として発足。一年後の一九九七年、国道に面していない数少ない「道の駅　ふぉレスト君田」が県の支援で整備され、国土交通省の認証を受けて一気に知名度が上がった。

「課題は、何度でも来たくなる温泉をどう実現するかでした。それは結局、従業員のホスピタリティー、つまりお客さんを心からもてなす以外にない」。古川さんは従業員と話し合いを重ね、どうすれば田舎らしい接客ができるかを考えた。「リピーターのお客さんに『お帰りなさい』と言えるかどうか。君田についてお客さんに興味を持ってもらう話題とは何か。心と心の触れ合いですかね」。

そんな地道な努力が実って「君田21」は軌道に乗り、黒字経営を続けた。株主に配当を続ける一方で五億三、四〇〇万円を基金として積み立て、施設のリニューアルに備えた。「黒字の三セク」が評判を呼び、全国から視察者が訪れる。古川さんはその度に「ここにオリジナリティーは何もない」と言い続けた。

その古川さんが二〇〇九年、常務取締役支配人を突然辞めた。本人はもちろん、社長の藤原さんも多くを語りたがらない。藤原さんが「出る杭は打たれるということでしょ。まあ本人が決めたことだから」とだけ言った。聞きながら、古川さんが役場時代に体験したという、公私の区別がつかない人たちの存在を思い浮かべた。

「森の泉」支配人の増原美登里さん

古川さんが退任した後、「君田21」が運営する「森の泉」支配人は増原美登里さん（一九四七年生まれ）が務める。増原さんは設立当初から経理を担当し、会社については熟知している。設立時二二人でスタートした会社はいま、パート従業員も含めて六八人。最盛期には年間二五万人を数えた利用客は、この数年徐々に減り、二〇一〇年度決算は前年に続いて減収減益となった。入浴客は一五万人を割り込み、営業利益は三五万円と辛うじて黒字だけは維持した。

オープンから一五年を経過して施設、設備の改善を迫られ、一二年春、積立金を二億五、〇〇〇万円取り崩してリニューアルに踏み切った。社長の藤原さんも「リニューアルに満足せず、高速道路尾道―松江線の開通をにらんで営業（集客）を強化しなくては」と職員を督励する。三セクの優等生も、正念場である。

第七節　川根「自治」の実践

ここで「備北」からいささか外れ、江の川対岸にあって三次生活圏に属する安芸高田市高宮町の川根地区について報告する。

川根地区は二〇一一年四月現在、戸数二三八戸、人口五四九人、一九の集落からなる。市の最北端にあって島根県邑南町と境を接し、江の川に架かる香淀大橋を渡ると、もうそ

安芸高田市「川根」位置図

こは三次市。市役所支所（旧高宮町役場）がある羽佐竹からは、川沿いの曲がりくねった道か、峠越えの細い道をたどる以外にない。そんな地理的環境から、買い物、医療など日常生活は三次に依存してきた。

川根は、少子高齢化にあえぐ自治体の間ではよく知られた地区である。「自分たちででき ることは自分たちの手で」を合言葉に、一九七〇年代から実践してきた地域づくりの取り組みが高く評価され、いまも全国から視察団が絶えない。「自治」の理想を掲げて一九七二年に結成した「川根振興協議会」は二〇一二年で四〇年を迎える。協議会規約は格別むずかしいことを書いてあるわけではない。ただ、課題に直面するたびに徹底的に話し合い、現実的な打開策を地道に実行に移してきた。

例えば、農協が経営改革の一環として地区で唯一のガソリンスタンドを廃止しようとしたとき、自分たちの手で「油屋」と命名したガソリンスタンドを立ち上げた。同じく農協の売店閉鎖をうけて、日用品や農作業に使う最低限の商品を扱う「万屋《よろずや》」を開いた。最近、全国で商店やガソリンスタンドの閉鎖が相次ぐ一方で「買い物難民」が社会問題になっているが、川根では一〇年以上前（二〇〇〇年）に打開の手を打った。二つの店は町が造成した土地に隣り合っていて、運営協議会が雇用した地元民が店に立つ。同じ敷地内には、地元でとれるユズの加工場、隣には郵便局もある。ここへ来れば一通りの用は足せる。

店に来られない高齢者には土曜、日曜を除いて食材の宅配サービスがあり、診療所への

川根地区民が運営する
買い物拠点「万屋」

行き帰りは、市から有償運送事業を受託（二〇〇九年）して「かわねもやい便」を走らせている。

これらは「川根振興協議会」が取り組んだ事業の一例にすぎない。ほかにも、中学校の廃校跡地に「エコミュージアム川根」と名付けた交流施設をつくり（一九九二年）、「一人一日一円募金」と名付けた地域福祉活動（一九九三年）、「ほたるまつり」「せいりゅうまつり」（一九九三、九四年）、「川根農地を守る会」（一九九八年）、「おたがいさまネットワーク」による福祉活動（二〇〇四年）、小学生と一人暮らし高齢者をつなぐ「まごころメール」（二〇〇五年）、「高齢者ふれあいサロン」（二〇〇七年）、「川根農事組合法人」（二〇〇八年）など、「自分たちでできることは自分たちで」を一つまた一つ実現させてきた。

「川根振興協議会」の出発点となったのは、一九七二年に江の川流域を襲った「昭和四七年豪雨」である。壊滅的な被害のあと、地域をどう再建するかを議論する過程で結束が強まり、現在はそれが第二、第三世代に受け継がれて活発な地域活動を展開する。いま、その中核を担うのが会長の辻駒健二さん（一九四四年生まれ）、副会長の一人の岡田千里さん

（一九四二年生まれ）、そして事務局長の藤本悦志さん（一九七二年生まれ）である。

辻駒さんは川漁師、江の川漁協組合長、そして部落解放同盟（解同）広島県連の元高宮支部長という肩書きを持つ。いま解同とはたもとを分かち、「もやい」（結《ゆ》い＝助け合い）をキーワードとする独自の理念で川根を束ねる。「根っ子に地域への愛着があって、そこから何をするか、何ができるかを考えれば、答えは見つかる」。過去の取り組みを振り返りながら、辻駒さんは言う。「まず地域で議論を重ね、知恵を絞り、汗をかき、足りないところは行政の支援を仰ぐ」。川根流のこの手法で「エコミュージアム」が地域の拠点となり、「油屋」も「万屋」も「もやい便」も生まれた。

「エコミュージアム」のレストランを取り仕切る岡田さんは地域の信頼も厚く、振興協議会の会長を務めたこともある元看護師。第三世代の藤本さんは、祖父が振興協議会創設メンバーの一人で、七年勤めた役場を辞めて郵便局長だった祖父のあとを継いだ。農協が店を閉めるとき、振興協議会は帳簿価格で土地を引き取り、河川改修でその土地を手放して数千万単位の資金を手にした。そんなしたたかさも持ち合わせている。

そんな「川根振興協議会」がいま一つの試練に直面している。児童数二九人の川根小学校の統合計画である。実は川根では、地域の活性化と小学校の存続を願って、旧高宮町時代の一九九九年から三期に分けて、子どものいる家族にUターンを促す町営住宅二三戸を学校近くに建設してきた。「お好み住宅」と名付け、入居者の好みに合わせて間取りを決め

川根小学校存続の願いをこめてUターン者用に建てた「お好み住宅」なのだが…。

るユニークな手法が人気を呼び、地元出身者が相次いで帰郷した。

しかし、学校がなくなれば「お好み住宅」を建てた意味が失われる。現に、二〇一一年春に高宮高校が廃校となって「ここに住んでも仕方ない」と高校進学を控えた三家族が転居してしまった。三人の子の父でPTA会長でもある藤本さんは「地域の実情を無視した統廃合計画は、市長部局と教育委員会の連携のなさをさらけ出した。川根は川根のやり方で存続を目指して議論し、提案したい」と言い、二〇一一年夏、統廃合をめぐる地元説明会で近隣三校による「合同授業」を市教委に持ちかけた。

市教委は一一月末、隣接する船佐、来原両小学校との合同授業を川根小で開き、四年生三〇人が体育、音楽の授業を体験した。二〇一二年度も持ち回りで合同授業を実施、夏休みには三校児童の合宿も予定している。しかし、あくまでも試行段階であり、統廃合の行方は見えない。

川根振興協議会長の辻駒さんは穏やかな口調で次のように言った。「適正規模というが、小規模だからこそできる教育もあるはず。複式学級では教育効果が上がらないと言う根拠は本当にあるのだろうか。町営住宅を建てて地域を守ってきた川根の心を、教育委員会は理解していない」。

少子化に直面する中国山地では、各地で学校の統廃合が進んでいる。しかし、学校の存続を求める地域の声はかつてほどではない。「親が統合に賛成なら仕方ない」と地域は一歩引いてしまっている。学校がなくなった地域に、都会から帰ってくる親が果たしているだろうか。

川根では地区も親たちも、教育委員会が進めようとしている計画には賛成できないと言う声が強い。多くの地域が統合計画をずるずると容認してきた中で、「自分たちでできることは自分たちの手で」を実践してきた川根がどういう戦略でのぞむか。川根自治が試される時かもしれない。

第五章　大都市のとなりで
―芸北地域

一九六〇年代、中国山地の南面つまり山陽側で過疎化が最も先鋭的に進んだのは、広島市に隣り合う芸北地域である。「芸北」という呼称のもとである安芸の国北部といえば、太田川源流域から江の川上流の可愛川《えのかわ》流域を指す。行政区分は廿日市市吉和町、山県郡安芸太田町、北広島町そして安芸高田市のエリア。

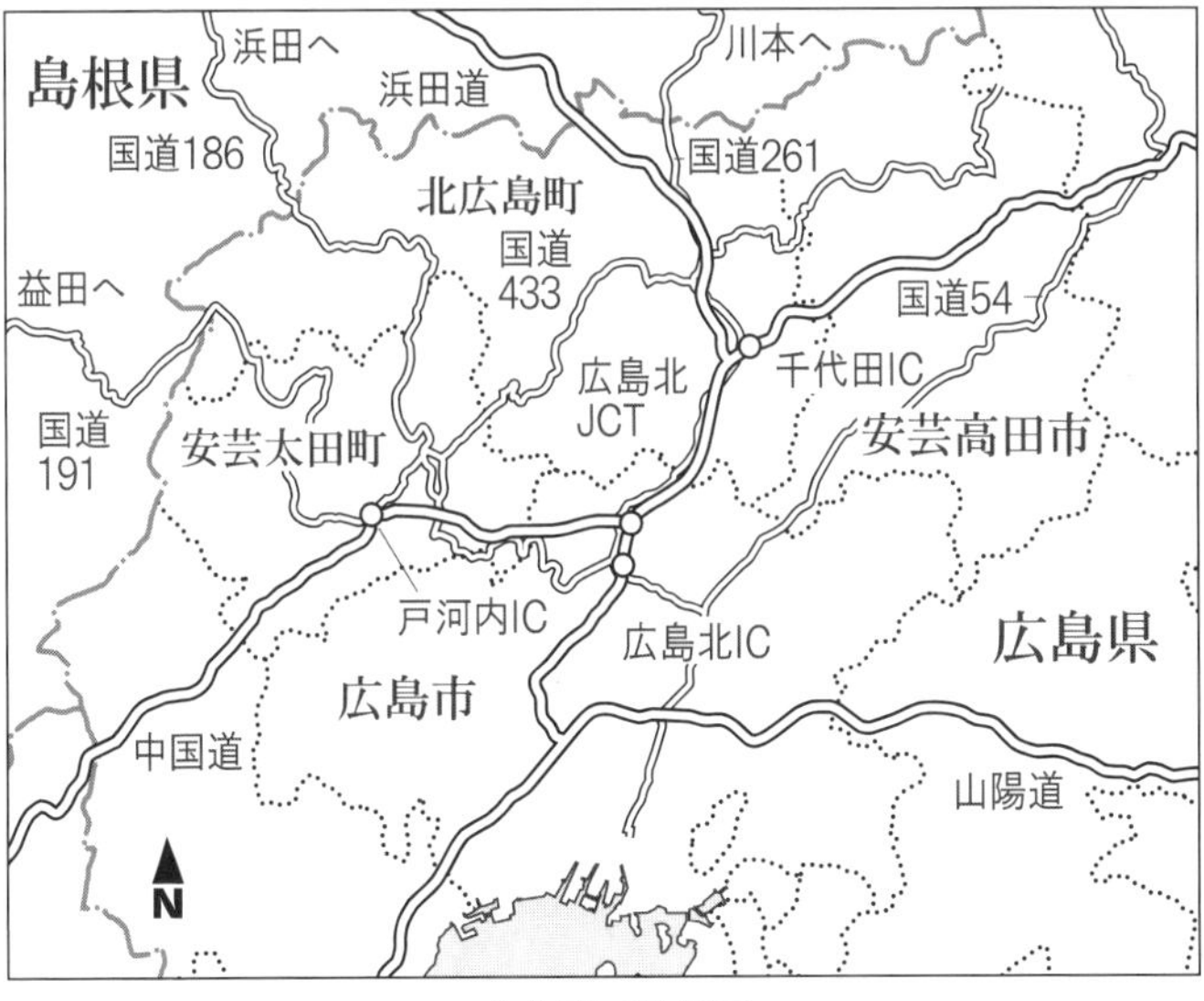

芸北地区位置図

生活習慣、言語それに浄土真宗の信仰に篤いなど共通項が多い。

その中でも芸北らしさが色濃く漂うのは山県郡である。もともと七ヵ町村だったのが、平成大合併で安芸太田、北広島の二町になった。かつて郡の中心は太田川上流の加計（安芸太田町）だったが、一九八〇年代後半以降、拠点は高速道路が東西と南北に交差する江の川上流の千代田（北広島町）に移った。太田川流域は広島―浜田を結ぶ動脈を高速道に奪われ、そのうえＪＲ可部線が廃止されて地盤沈下が著しい。

行政は二町に集約されたものの、農協は安芸太田町全域と北広島町の旧芸北・豊平が広島市農協（本店広島市）、北広島町の旧千代田・大朝が広島北部農協（本店安芸高田市）に属し、森林組合も太田川森林組合（安芸太田町と旧芸北町）と安芸北森林組合（旧芸北町を除く北広島町と安芸高田市）といった具合に股裂き状態になっていて、農林行政を進めるうえで厄介な問題を抱えている。

広島経済圏にあって山県郡二町が広島市に寄せる熱い期待とは裏腹に、広島市が二町を見る目は儀礼的な付き合いの域を出ない。このすれ違いが太田川上流に暮らす住民の疎外感につながり、地域づくりに影を落としている。

第一節　恐羅漢山の麓

「恐羅漢山」位置図

広島、島根両県の最高峰である恐羅漢山（一、三四六メートル）南斜面は、中国山地でも屈指の積雪量と雪質を誇る上・中級者向けスキー場として知られる。一九八四年の元日から一年半にわたって中国新聞に連載した『新中国山地』のプロローグは、「よみがえる」というタイトルで、ゲレンデそばにある民宿「上前屋」の隠居義明（一九四七年生まれ）さん、千賀子（一九五〇年生まれ）さん夫妻の越年準備だった。往時八四戸あった戸河内町（現安芸太田町）横川《よこごう》の集落はわずか五戸に減り消滅寸前だった。そこへ民営に続いて国設スキー場が完成し、ペンションを含む一〇戸、一六人まで回復。隠居夫妻も「これで集落は維持できる」と笑顔で語ってくれた。

あれから三〇年近い歳月が流れたいま、戸数は再び減って六戸、八人。しかし、隠居さん夫妻の民宿も、都会から移り住んでペンションを営む人たちも健在である。ただ、スキー場を取り巻く環境は大きく変わった。

恐羅漢には一九六七年に三段峡観光が開設した民営と一九七二年オープンした全国で三番目という国設のスキー場があった。国設はのちに三段峡入り口の老舗ホテルが経営を引き継いだ。しかし、バブル崩壊を機にスキー客が激減し、共通リフト券をめぐって二社の足並みが乱れたり、経営難から一社が下水処理費を滞納する事態になっていた。西中国山地国定公園を代表する看板スキー場を守り、観光客が頼りの横川集落を維持するため、役場や観光協会が再建策を思案した結果、二つのスキー場経営者が退陣し、地元企業の若手が施設、設備を引き継いで二〇一一年五月に新会社「恐羅漢スノーパーク」を設立。シーズン入りを控えた一一月から本格始動した。

隠居さん夫妻はスキーシーズンにはなじみ客を相手に民宿を開き、春から秋の行楽シーズンには三段峡・二段滝下流の猿飛にある渡船の船頭を務める。横川の住民が組合をつくって運営してきた渡船は、高齢化で組合員が次々と引退し、夫妻だけが残った。「大雨のたびに流木や倒木の処理、船着き場の整備など渡船を維持するのも大変。でもお客さんがある限りやめるわけにゆかない」と義明さん。「私が最年少なんよ」とおどける千賀子さんも、すでに還暦をすぎた。クマも出没するし、渡船場まで歩いて一五分の細い遊歩道で事故でもあってはと、最近は夫婦で連れ立って通うようになった。

紅葉も盛りの一〇月下旬、渡船場を訪ねると、舟にたまった落ち葉を取り除いたり休憩所の清掃に追われていた。船着き場の浅瀬ではアマゴが産卵床をつくっていた。「アマゴが終われば、次はゴギ（イワナ）の産卵。いつものことながら自然のサイクルには感心します」。くるくると回りながら水面を流れ下る落ち葉を見やりながら義明さんが言った。

恐羅漢山の尾根や渓谷を染める木々が葉を落とすと冬の到来である。隠居さん夫妻は畑のダイコンやハクサイを抜いて漬物をつくり、泊まりのスキー客に備える。しかし、この一〇年あまりゲレンデから若者の姿が激減し、しかし、来ても日帰りがほとんど。「わしら夫婦も若うないんで、なじみの客だけ受け入れて細々と民宿をやっとる。スキー場が閉鎖になったら横川のみんなが困る。心配しとったが新しい会社ができてよかった」と義明さんは一安心した様子。

スキーシーズン以外は観光渡船に乗る隠居義明、千賀子さん夫妻

とはいえスキー場はどこも逆風が吹いている。一九八〇—九〇年代、芸北地域には広島都市圏の観光、レジャー資本の手でスキー場が相次いで開かれ、北広島町九、安芸太田町三、廿日市市吉和町一の計一三のスキー場があった。しかし九〇年代後半から若者のスキー

「恐羅漢スノーパーク」として
再出発したスキー場

離れが進み、これまでに四つが閉鎖された。閉鎖に至らないまでも、ほとんどのスキー場は恐羅漢がそうであるように経営者が入れ替わり、地元でもどこのだれが経営しているか知らないというスキー場も珍しくない。

スキー場がオープンする時は自宅を改造して民宿を開いたり、スキー場にパートで働きに出るなど地元も協力したが、客足が遠のくにつれて冬場の稼ぎの期待もしぼみ、看板だけを出して開店休業の「民宿」も少なくない。しかも経営者が代わるたびに地元とのつながりは薄れ、集落挙げて協力体制をとったところでは経営者に不信感を抱く住民も多い。

恐羅漢スキー場の場合、旧経営者の長男が新会社のトップに就任したこともあって、地場資本による地域密着型の経営が維持される。「株主は六〇歳以下という年齢制限があって、高齢者ばかりの地元民は株主になれん。それでも、儲け最優先の都会のレジャー会社とは違うんで、安心して付き合える。あとはお客さんに来てもらうのを願うだけ」。義明さんはスキー客の減少に歯止めをかけるためにも、地域の「もてなしの心」が大事だと思う。

恐羅漢を訪ねてくる人はスキー客ばかりではない。横川をベースに草花、野鳥、昆虫など四季折々の変化を求めて西中国山地の山々を歩く人、絵画や写真撮影など年間を通して訪ねてくれる人はけっこういる。千賀子さんは「若い人が自然と触れ合う素晴らしさを知ってくれたら、ネットやゲームとは違う世界が開けるのに」と悔しがる。スキーが縁で両親のふるさと横川で義明さんと結婚した千賀子さんは、この地に四〇年近く暮らすうち、恐羅漢周辺の自然から多くのことを学んだ。「人間はもっと自然と折り合いをつけにゃあいけん」と夫妻は口をそろえる。

そんな夫妻にとって悩ましいのが、ゲレンデの下まで開通して工事がストップしたままの大規模林道。横川の西にある水越峠から細見渓谷を経由して吉和町中津谷に至る区間は、広島の自然保護団体の反対運動で、この一〇年余り工事が中断している。夫妻は「林道が開通すれば自然の素晴らしさを知ってもらえる」と思う反面、「工事や観光客の増加で、せっかくの自然が失われるかもしれない」という懸念も抱く。

「ここにおると、道路を造ろうとする緑資源機構の独断にも腹が立つが、反対運動の思い上がりも見えるんよ」と千賀子さん。聞けば大規模林道に反対する集会に、多くの人が大規模林道を利用して車でやってきたという。自然保護の専門家の現地視察も、研究者の観察も似たり寄ったり。「建前と本音というか、反対なら反対できちんと筋を通さんとおかしい」と千賀子さんは憤る。

とはいうものの、国定公園のど真ん中、スキーと行楽客を相手に細々と生きる横川に、いまのところ世代交代の動きはない。

（注＝この区間の大規模林道は二〇一二年一月、建設見送りが決まった。）

第二節　山仕事と木工

森林作業の「岡田林業」を率いて山仕事一筋に生きてきた安芸太田町那須の岡田秋人さん（一九三三年生まれ）が二〇一一年、作業服を脱いだ。「あと一年、あと一年と思いながらやってきたが、八〇歳を目前にして無理がきかんようになった」。「三八豪雪」の一九六三年に木材会社を興し、八二年に森林作業会社に切り替え、多い時は三〇人余を指揮して造林、育林に汗を流した。しかし、高齢化に伴って引退者が増え、補充も進まないまま作業班は六人に減った。半数は七〇歳を超え、最年少が五六歳。「仕事をもらう森林組合にも相すまん」と自らも引退を決めた。

岡田さんが暮らす那須は、立岩ダムへ向かう県道から四キロ北に入った隔絶集落である。

戦前は「那須漆器」で名を馳せた木地師（木工）の里で、往時は五一戸を数え、どの家も轆轤細工や漆塗りで生きていた。戦後の経済成長期、プラスチックの食器が普及してその技術は廃れ、岡田家も父の代で轆轤の音は絶えた。しばらくはダムや発電所工事でしのいだが、それも終わって集落全体が失業状態になった。そこで「新たな雇用の場を」と山仕事を請け負う会社をつくった。「冬は雪で仕事にならんので沿岸部の仕事を引き受け、朝の暗いうちに出発して働いた」。岡田さんはマイクロバスで作業現場を行き来した日々を振り返った。

広葉樹林を伐採して地ごしらえし、スギやヒノキを植える拡大造林の時代は、いくらでも仕事があった。植林は婦人でもできるので、男女混成でにぎやかに仕事をこなした。新植から四、五年の下草刈りも、鎌を使うころは婦人も一緒だったが、草刈り機が普及して変わった。九〇年代に入ると林業政策は拡大造林から育林へと転換し、除伐、間伐、枝打ちなど機械仕事や高所の作業が増え、作業班から女性が消えた。

引退した岡田秋人さん

「椀や盆をつくって売りに歩いた時代は活気があったし、夢よもう一度とだれもが考えた。昭和の終わりごろ、ここ（那須）で木地師の仕事を復活させたことがある。でもみんな高齢になっとったんで続かなんだ」。岡田さんによると、かつて那須には六・五ヘクタールの水田があり、「山畑」と呼ぶ焼き畑でソバ、アワ、アズキを栽培したという。「あのころはクマ、イノシシもおらんかったのに、いまは獣害を防ぐため集落をぐるりと電気柵で囲んで野菜をつくっとる」。残った一一戸が肩を寄せ合って暮らす那須は、伝統の木工も絶え、農林業も細る一方である。

「那須漆器」の歴史を伝えるのは、小学校跡を示す石柱のそばに立つ記念碑だけ。そこには明治の半ば、石州都治村（現江津市）の木地師に教えを乞うたのが始まりと刻まれていた。

ただ、かつて那須を支えた木工は、旧戸河内町内に細々ながら息づいている。那須の下流、吉和郷では「戸河内刳物《くりもの》」と銘打ってお玉杓子など手づくり民具をつくる「横畠工芸」の横畠文夫さん（一九三六年生まれ）一家が活躍。役場近くに住む増谷芳五郎さん（一九二五年生まれ）、新宅智也さん（一九七六年生まれ）も轆轤を使った「戸河内挽物《ひきもの》」で木工製作を続けている。

横畠さんは宮島しゃもじの流れをくむ技術の継承者。一九八〇年代半ば、中国新聞の連載『新中国山地』取材で訪ねた時は、後継者のあてもないまま黙々とお玉杓子を削っていた。その後、一人娘と結婚した裕希さん（一九六七年生まれ）が跡継ぎを志願して鉄工会社を辞め、さらに義弟の沖野秀則さん（一九四七年生まれ）もUターンして工房に入った。横畠さんの妻智早子さんも、夫のそばで菓子器や壁掛けなど創作木工を手掛けるようになり、家族が手分けして全国のデパートを実演販売して回る。

　一方、那須出身の増谷さんは轆轤の技術を職人から学び、樹齢一〇〇年を超える老松、黒柿など銘木を使った茶器、盆、こね鉢を得意とする。若い新宅さんは増谷さんから轆轤の技術を教わり、漆も学んで木工と漆の二つの工房を構え、漆塗りの盆、お椀をつくる。

お玉杓子をつくる横畠文夫さん一家

新宅さんは那須で途絶えた漆器に関心を持ち、広島市立大の漆工芸研究者と共同で漆の栽培も手掛けて技の再生を目指す。

　岡田秋人さんが、子供のころ見聞きした「那須漆器」を思い起こしながらつぶやいた。「細々とでも技術を受け継ぐ人がおりゃあ、また新しい時代が来るかもしれん。山仕事も同じじゃが、体でおぼえた技は大事にせにゃあいけん」。岡田さんは一抹の寂寥感を漂わせながらも、新しい時代の林業や木工に期待をつなぐ。

　ところで、太田川上流域には唯一と言ってもよい林業地がある。明治期から一二〇年以上にわたって二、六〇

那須漆器の伝統を受け継ぐ新宅智也さん

〇ヘクタールの村有林を守り育ててきた旧筒賀村である。戦後の復興期まで、多い時は歳入の五〇%、少ない時でも三〇%もの村有林収益で村政を運営し、中国山地でも屈指の「金持ち村」として近隣町村がうらやむ存在だった。一九三六年に建てた役場庁舎（現安芸太田町筒賀支所）は、すべて村有林から伐り出した栂《つが》の柱を使い、赤瓦を葺いた和洋折衷建築。二〇一〇年に国の重要文化財指定を受けた。

筒賀村有林の始まりは、かつての入会林を明治政府が一方的に国有林としたのに異を唱え、訴訟に勝ったことだった。以後、歴代村長を先頭に森を育て、恩恵に浴してきた。しかし、一九八〇年代から木材価格が低迷し、一九八三年には村有林会計から一般会計への繰入金は廃止された。ちょうどその年、中国新聞の連載『新中国山地』の取材で現地を歩いた筆者は、すべてヒノキの柱を使った贅沢な村営住宅のエピソードを書き留めている。「木材を売って赤字になるくらいなら村で有効活用しよう」というのが時の村長の決断だった。

村有林という「打ち出の小づち」を失って以後、筒賀村は苦しい財政をやりくりしながら一般会計からの持ち出しで村有林を維持し、二〇〇四年に加計、戸河内と合併した。合併協議で村有林の問題は大きな議論にもならず、筒賀の提案通り一億二、〇〇〇万円の基金を創設し「筒賀財産区」として維持管理されることになった。管理者は町長だが、旧筒賀村民七人で構成する「財産区管理会」の同意なしに立木の売却など財産処分はできない。

財産区の経営計画などの事務は筒賀支所住民生活課課長補佐の平岡芳藤さん（一九五五年生まれ）が担当する。「九一年から新しい植林ゼロ、九五年からは伐採もやめて保育に専念している。森林の公益的機能に配慮しながら、先祖が育ててきた木をひたすら守っている状態。樹齢一〇〇年以上の長伐期施業といっても、いつかは伐採しなければならないが、木材価格はだれも予測できない。それまで育林資金が続くかどうか」と不安を隠さない。

山仕事に生きてきた岡田秋人さんの言葉が耳に残っている。「太田川上流では昔から山の恵みを下流の広島に送って生活してきた、これからも山に頼るほかない」。公益的価値であれ経済的価値であれ、森林が正当に評価されるかどうかは、下流の広島都市圏に暮らす人たちがどう関わるかにかかっているのだろう。

第三節　和牛飼育の異端「見浦牧場」

「見浦牧場」位置図

中国山地では牛を家族の一員として慈しみ育てる伝統が根付いている。農耕用だった牛が肉用牛になって半世紀を経た今もその基本は変わらず、小規模な繁殖牛飼育が続く。その間、和牛の生産を増やすため「多頭・放牧飼育」「繁殖・肥育一貫経営」への挑戦が幾度となく繰り返された。しかしことごとく失敗に帰した。飼育コスト削減の試みが、肉質偏重の市場ニーズに屈した結果と言い換えてよいかもしれない。

その、だれも成功したことのない「多頭」「放牧」「繁殖・肥育」という和牛飼育の理想を追い続けて奮闘する家族が安芸太田町小板にいる。西中国山地の一角、優美な山容を見せる臥龍山（地元の呼称は苅尾山＝一、二二三メートル）と深入山（一、一五三メートル）の間に開けた標高七〇〇メートルの高原、見浦牧場がその舞台である。見浦哲弥さん（一九三一年生まれ）、晴江さん（一九三二年生まれ）夫妻が一九六〇年代半ばから試行錯誤を重ね、二〇〇九年に息子の和弥さん（一九六九年生まれ）、亮子さん（一九七一年生まれ）夫妻が経営を引き継いだ。いま二世代夫婦で一八〇頭を飼育する。

「精液を買って成牛を売る。これがうちの和牛経営の基本です」。この哲弥さんの言葉をかみ砕くと、牧場の理念に合った牛に種付けし、仔牛が産まれてから出荷まで可能な限り飼育の手間を省き、可能な限り飼料を自給し、可能な限り良質の肉牛を育て上げる。これが見浦牧場の経営手法ということになる。一、二頭からせいぜい五、六頭を手塩にかけて育て、産まれた仔牛を市場に出して完結する中国山地の伝統的な和牛飼育に比べると、見浦牧場は何もかもが異端である。

その最たるものが飼育法だろう。人が牛に関わる手間を最小限にとどめ、牛に牛を管理させる。「大きな群れを率いるリーダーはいい餌場を支配する。だから大群の牛は成長が早く、小さい群れや孤立した牛は遅い。いわば優勝劣敗です」。哲弥さんはこれを経験から学んだ。「大群に加われない、あるいは加わらない牛は一足先に肉になってもらう。うちにとっては大事な選別淘汰です」。日々の観察を通して経営理念にかなう牛を選び出して育てる。「すべての牛を収容する牛舎はうちにはないから、真冬でも雪の上で過ごします。寒さを避けて寝る場所は牛が知っている。寒さに耐えるため、牛舎でぬくぬくと育つ牛に比べて毛が長くなります」。

和牛の繁殖・肥育一貫経営を続ける見浦哲弥さん（中央）一家

年中屋外で過ごすため運動不足になることはない。したがって受胎率も高い。さらに出産を間近に控えた牛、特に初産の牛は早めに牛舎に入れて先輩の出産を学習させ、リスクを最小限に抑える。哲弥さんは自らの四〇年余の体験から得た手法をたかくなに実践してきた。

こうして見浦流の飼育法を見ると、牛たちは限りなく野生に近い環境で育ち、霜降り肉（サシ＝脂肪交雑）重視の手間暇かけた飼育法とは大きく異なる。「現在の牛肉は市場や小売店など流通段階で最大の利益を上げる仕組みになっている。これでは生産コストは下がらない。消費者も牛肉本来の風味とか旨味が分からなくなる」と哲弥さん。テレビタレントがブランド牛肉を口にして発する「とろける」とか「ジューシー」

という言葉は、哲弥さんに言わせれば「本当の牛肉とは言えない」。よく噛んで口に広がる風味と旨味を味わってこそ本来の牛肉なのだと言う。

生産者が手間を惜しまず、高級レストランや料亭向けの霜降り肉ばかりを目指せばコストがかさむ。流通マージンを上乗せして店頭に出る和牛肉は、ほかの肉に比べ割高になる。消費者の牛肉離れが進むのも無理はない。見浦牧場は、庶民が口にできる牛肉を目標に据えることで、多頭・放牧・繁殖・肥育一貫経営というだれも成し遂げたことのない飼育法を実現した。

一九八四年冬、中国新聞の連載『新中国山地』取材で初めて見浦牧場を訪ねた時、夫婦二人で一六〇頭を飼育していた。牧草地二〇ヘクタール、放牧地一六〇ヘクタール。あれから四半世紀余を経たいま、経営は息子さん夫婦に譲り、二夫婦が手分けして一八〇頭を育てる。広島の街中から嫁いできた亮子さんは人工授精師の資格をとり、種付けを担当。三児の母でもある亮子さんは、持ち前の明るさで育児、家事、牛の世話と一人三役をこなす。出産を控えて牛舎に入った牛は晴江さんが受け持ち、父と息子は機械仕事、牧柵管理、牛糞処理など屋外の作業を引き受ける。

見浦牧場から北へ一〇キロ足らず、北広島町八幡一帯で一九六〇年代半ばに広島県が試みた大規模な和牛放牧は数年で失敗し、放棄された跡地はいま湿原観察園などに姿を変えている。県境を接する島根県浜田市の弥畝山牧場も失敗に帰した。「農業も畜産も自然を相手にしている以上、地域の風土に合った栽培法や飼育法を確立しないと成功しない。うちにはうちに合ったやり方があるし、山一つ越えれば別のやり方がある。学ぶ姿勢は大事だが、真似だけしてもうまくゆかない」。

哲弥さんは近隣の失敗にも学びながら、自分の飼育法、つまり管理しやすく、生育・増体に優れ、よく仔を産み、仔育てが上手な牛を選抜淘汰してきた。むろん肉質がよいに越したことはないが、霜降り最優先の選抜、飼育法にはこだわらなかった。それが消費者に合うと考えたからである。こうしてみると、見浦牧場の経営はだれも真似ようがないし、ここでしか実践できない。但馬、近江、松阪、飛騨、前沢など霜降り優先の全国のブランド牛とは全く異なる和牛の異端、あえて名づければ「見浦牛」なのである。

「まだまだ道半ばです」。哲弥さんは、三〇年近く前に初めて会ったときと同じ言葉を口にした。その間、日本経済に曲折はあったものの、まがりなりに先進国の一つに伍してきた。しかし、こと「食」に関する限り国内自給は四〇％まで下がり、輸入依存を強めるばかりだった。一方で進んだ食のブランド化とは、一握りの人の舌を満足させるだけで、大多数は本当の味覚すら分からなくなる道程だった。

例えばブロイラー。第二次大戦中、前線の兵士に肉を送るためアメリカで開発された若鶏の短期飼育技術は、戦後日本に導入された。その水っぽい鶏肉が市場を席巻し、カシワ肉の濃厚な風味を知る人は激減した。牛が農耕の役目を終え肉牛だけになって、かつての風味と旨味にあふれる牛肉の味も消えようとしている。この度、取材で幾度も見浦牧場にお邪魔しながら、日本に健全な食を取り戻すのは容易ではないと思った。「見浦牛」が異端であり続ける限り、中国山地の和牛の衰退は避けられないだろうとも感じた。

第四節　圃場整備の誤算

稲作を基幹作目に、冷涼な高原の気候を生かして夏場にトマト、ホウレンソウを栽培し、雪に覆われて農耕ができない冬場はスキー客を民宿に迎え入れ、年間を通して収入の道を確保する——。豪雪地帯で知られる北広島町芸北地区は、合併以前の旧芸北町時代の一時期、役場が思い描いたそんな暮らしを実現した。

「米」プラス「高原野菜」の営農体系を確立するには稲作の省力化が不可欠である。それには大型農業機械を使えるよう圃場、農道を広げて区画を整える必要がある。東北、北海道では早くから圃場整備が進んだが、棚田の多い中国山地では昔ながらの一〇アールに満たないひょうたん型の水田がほとんどだった。旧芸北町は一九七四年、当時の大束弥一町長（二〇〇一年死去）のもと広島県内のトップを切って圃場整備に着手した。

圃場整備の最前線に立ったのが当時開発課長だった高橋平信さん（一九三八年生まれ、一九九五年助役で退任）である。「責任はワシがとる。君は前へ進めてくれ」と大束町長が背中を押した。全町八〇〇ヘクタールの九〇％、七二〇ヘクタールの圃場整備に一六年の歳月を費やし、湿田の排水工事を含めて六四億円近い事業費を投入した。「だれもが自分の水田に愛着があるから、換地には苦労しました。それでも、早く完成した地区の生産組合で大型機械が導入され、稲作にかける労力は半分以下に減った。野菜づくりが軌道に乗ると事業はやりやすくなりましたね。小規模農家は土木工事に出ながら稲作という兼業スタイルも増えた」。高橋さんは圃場整備に明け暮れた日々を振り返った。

「圃場整備は夜が勝負」と高橋さんが言うように、地区の説明会は夜にならないと開けない。図面を手に集会所を回り、地域の反応を確かめながら事業を進めた。「圃場整備が終わったところに大型のビニールハウスが建ち並び、野菜を手掛ける農家が増え始めた時は本当にうれしかった。『これで芸北は過疎から脱却できる』とね」。一九八〇年代前半、雨除けハウスによるトマト、ホウレンソウは「芸北高原野菜」として広島市場でブランドを確立し、トマトは日本農業賞に輝く。「地域農業の先進地というので全国から視察も増え、圃場整備が芸北の農業を変えたと確信しました」と高橋さん。

それでも、雪に閉ざされる五カ月近くは収入のあてがなかった。ところが、時代が昭和から平成に変わる前後の一〇年、高速道路の普及、団塊ジュニア世代の社会進出と足並みを合わせるように、芸北に追い風が吹き始めた。スキーブームの到来である。

芸北でも都市部のレジャー・観光産業が相次いでスキー場開発に乗り出し、大型のスキーリフトや人工造雪機を備えたスキー場が営業を始めた。それまで五ヵ所だったのが新たに三ヵ所増えて八つになり、県境を越えた島根を含めて西中国山地のスキー場は一五ヵ所に膨らんだ。新設に合わせてゲレンデの周辺には民宿が開かれ、駐車場やゲレンデの管理、レストランなど新たな雇用も生まれて冬場の所得も確保された。「冬でも稼げるというので、町も道路の改良、民宿改造費の補助などでスキー場を支援した。そりゃあ活気がありました」。高橋さんが住む八幡地区でも、宿泊客にそなえて厨房、トイレを改造し、民宿の看板を掲げた。高橋さん自身も母屋の向かいに宿泊施設をつくった。

圃場整備に始まって、農業生産組合、野菜づくりと続き、さらにスキー場の相次ぐ開設で年間を通して所得の機会が生まれた。「私たちが役場で描いた夢が実現したわけですから、こんなうれしいことはなかった。芸北が新時代に入ったことを確信しました。これで若い人も帰ってくれるとね。なにしろ一九八〇年代末、旧芸北町だけで一冬に八七万人のスキー客が訪れたんですから」。

ところが、バブル崩壊から「空白の一〇年」と続く日本の長期低迷は、芸北をも巻き込んだ。まず都市からのスキー客が減り、経営不振に陥ったスキー場が規模を縮小したり身売りするようになった。引き受け手のないところは閉鎖に追い込まれ、不振が民宿を直撃し、雇用の場も縮んだ。二〇〇一年、スキー客は最盛期の四分の一近い二三万人にまで落ち込み、三つのスキー場が廃業した。

誤算はスキー場の不振にとどまらなかった。公共事業による景気刺激策も限界を露呈し、ついには公共事業の削減という事態に陥った。「こうなってみて気づいたのは、公共事業が地域経済に及ぼす影響の大きさでした」と高橋さんは言う。確かに、圃場整備も農道・林道の整備、河川改修も国、県の補助があって初めて実施できた。それが地域経済を潤し、雇用を生んだ。一九七〇年代以降の地域経済は公共事業を前提に動いてきた。「いま思うと日本列島は政治も経済も、ある意味で『公共事業バブル』だったんですね」。

バブル崩壊から公共事業の縮減に至る間、高橋さんは助役を二期八年務めた。「圃場整備が間違っていたとは思わないが、芸北の将来を担う世代をどう育てるかという点で決め手を見いだせなかった。ソフトの遅れと言うのでしょうか」。退職して地域の世話をするようになった二〇〇九年、自宅のすぐそばにある八幡小学校にタイムカプセルを埋める計画が持ち上がった。「地区全家族の記念写真をカプセルに納めようというので、街に出ている人にも呼びかけて、お盆の前後に写真を撮ったんです。地元の小学校には児童が九人しかいないのに、帰郷した子どもは一〇〇人を超えた。この子たちが八幡にいてくれたらとしみじみ思いましたよ」。

娘が広島に嫁いだ高橋さんもまた夫婦二人暮らしである。開発課長時代に精魂傾けた圃場整備の結果、八幡高原の初夏を彩ったカキツバタ自生地は激減した。先年亡くなった八幡の自然に詳しい児玉集さんが、圃場整備のあと荒れていた休耕田にカキツバタをよみがえらせる取り組みを始めた。いま高橋さんがそのボランティア活動の支援を引き継いでいる。「きれいに整備された田が、まさかカキツバタの咲く湿地に戻ろうとは思いもしませんでした。皮肉な巡り合わせですよね」。田んぼを持たない高橋さんはまた、自分の持ち山の湿地の一角にミズバショウやザゼンソウを植え始めた。ザゼンソウは、冬籠りから目覚めたツキノワグマが真っ先に食べると言われる湿原の植物である。

圃場整備を推進した高橋平信さん。
整備済みの田はカキツバタ園に

自然とどう折り合いをつけるか。いま、高橋さんはそんなことを考えながら老後の日々を過ごしている。

第五節　私学の灯を守る

「広島県新庄学園」――。四囲を中国山地が取り巻く山県郡北広島町新庄で一〇〇年余の歴史を刻むこの中高一貫校は、「○○郡」と名のつく山間部では全国唯一の私学である。お寺の山門に似た純和風の校門、その向こうに並ぶコンクリート校舎と二棟の木造校舎、校門の斜め向かいに整然と並ぶスクールバス、すれ違う生徒の快活なあいさつ…。キャンパスに古風とモダンが混然として、不思議な心地よさが漂う。

「学園もずいぶん変わりましたよ」。地元に住む知り合いの学園ＯＢからそう聞いていた。一九八四年、中国新聞の連載『新中国山地』に「山の中の進学校」と題して、学園経営者や教師の朴訥さ、生徒の純朴さを書いた。当時、約六〇〇人の生徒の六割近くが親元を離れて下宿・寮生活を送り、進学率において近隣の公立高校を圧倒するばかりか広島市内の進学校にも引けをとらない存在だった。

かつてのそんなイメージを思い起こしながら、二〇一〇年初夏、久しぶりにキャンパスを訪ねた。以後四回学園にお邪魔して、「変わった」というOBの言葉を実感した。「進学校」の看板はそのままだが、スポーツ、とりわけ野球選手の育成に熱がこもっている。いわば「文武両道」への路線転換である。その新教育路線は着実に実を結び、かつて甲子園の県大会で「一回戦」どまりだった野球部が他校からマークされる存在になった。二〇一一年夏の広島大会ではついに決勝戦まで勝ち進み、敗れはしたものの「新庄」の名を広く印象付けた。

野球ついでに記しておくと、二〇一〇年に編纂された『創立一〇〇年　新庄学園史』には、一九三三（昭和八）年の山陽大会で、山本（鶴岡）一人主将の広島商業（のちの県立広島商高）と対戦し四七―〇（五回コールド）で大敗した屈辱の記録が載っている。ちなみに現在、野球部を率いる迫田守昭監督は兄の穆成氏とともに広島商高出身。二〇一〇年の広島大会決勝は如水館高校（監督は穆成氏）との戦いとなり「兄弟決戦」として注目されたが、兄に敗れて甲子園出場は果たせなかった。

さて、新庄学園が一九〇九（明治四二）年「新庄女学校」として産声をあげて一〇〇年余、この学校を長く支えてきたのは、岩戸地区の最奥部に居を構える宮庄家である。現理事長・宮庄良行氏（一九三七年生まれ）の父・栄三氏（一九九一年、九一歳で死去）が一九三六年、三六歳で理事長に就任して以来、戦中、戦後を通して学園経営に当たった。学内対立による教員の大量離職、定員割れによる経営危機、校舎の焼失など幾多の試練を乗

スクールバスに乗り込む新庄学園の生徒

り越え、ようやく経営が軌道に乗ったのは一九六〇年代だった。

「父が応召して不在の間は母(ミツヨさん・二〇〇四年死去)が教壇に立ちながら理事長代理を務めた時期もありました。学校経営もやりますが、実は我が家の本業は農業なんです。稲作と酪農の複合経営を戦後ずっと続けてきました。『食べ物は自給』が生前の父の口癖でした。私も父の思いを継いで、稲作を続け、息子が酪農を担当しています。農業と学校経営の掛け持ちというのは全国でもうちだけでしょうなあ」。ふと、学園に漂う朴訥な雰囲気は、土にこだわり通す宮庄家の家風に根ざすのかもしれないと思った。

もう一つ、新庄学園を大きく変えたことがある。それは二〇〇〇年に始まったスクールバスの運行である。きっかけは広島―浜田を結ぶ高速道路の全通（一九九一年）に伴う在来路線バスの削減だった。高速道開通後も沿線自治体の補助で維持されていた路線バスは、一九九九年のダイヤ改正で大幅に削減され、バス通学が困難になった。「生徒確保が困難になるかもしれない」という危機感を抱いた学園は、ダイヤ変更を機にスクールバスの運行に踏み切ったのである。

二〇〇〇年の吉田線（安芸高田市）に始まり、路線バスの縮小に合わせてほぼ一年に一路線ずつスクールバスを増やし、二〇〇七年には七路線八台に膨らんだ。早朝六時過ぎから七時半にかけて学園を出発した大型バスは八時半までに生徒を乗せて帰ってくる。夕方は四時半から六時に送りの便が出発する。法律の規制があって路線バスのように運賃は徴収できない。やむなく利用者が納める協力金で運行を維持している。「経費を切り詰めるため、バスは中古を買い求め、地元出身で定年退職したバスの運転手さんに頼んで、毎日走らせています」と宮庄理事長。いま、スクールバスの路線網は東は三次市、南は広島市まで延び、寮で暮らす野球部員や自宅通学する一部の生徒を除いて三〇〇人余の生徒がバス通学となった。

ある程度予想されたこととはいえ、これが地元に大きな波紋を広げた。多い時は一〇〇軒以上あった学園周辺の下宿ががら空きになったのである。下宿提供者と学園の話し合いで部屋代、食事代など細かい規定を設け、長年の経緯から自宅そばに下宿専用棟を構える人も少なくなかった。下宿代が地元を潤していたことも事実である。下宿提供者が親代わりとして生徒のしつけなど生活指導を引き受けもした。そうした提供者と生徒の深い結びつきが、生徒の問題行動を未然に防ぎ、ひいては学園の評価を高める役割も果たしてきた。

長年にわたり下宿を提供してきた老夫婦は「時折、卒業生が菓子折りをもって訪ねて来てくれる。バス通学になって生徒のつながりが薄れ、これからはそんなこともなくなる。寂しい限りじゃ」と口をそろえた。

「実はわれわれも地域と生徒が疎遠になるのを一番危惧しました。地元のみなさんからは有形無形の支援を受けてきましたからね。担当教員を決めて下宿と連携をとるなど、ほかの学校にはないきめ細かい対応もしました。保護者が安心してうちに子どもさんを預けてくださったのも、地元のみなさんのご支援の賜物と感謝しています」。宮庄理事長は苦しい胸の内をこう語った。

一人暮らしだった下宿のおばちゃんの命日に決まって集まるOB、墓参りを欠かさない卒業生…。そんなほのぼのとした話題は学園界隈ではさほど珍しくない。近所同士で卒業した下宿生自慢に花を咲かせたり、正月に届いた年賀状を見せ合ったり。卒業生が綴る学園生活にも「○○下宿」の思い出がしばしば登場する。そんな新庄ならではの濃密な触れ合いが、スクールバス運行によって消えようとしている。

「学園のよき伝統をどう守るか。スクールバス運行は時代のすう勢とはいえ、いま経営者としてこの点に最も心を砕いています。『文武両道』教育が新しい時代の地域連携につながることを願うばかりです」。稲刈りを終えたばかりという宮庄理事長は、日焼けした顔を引き締めながら言った。

第六節　どんぐり村（1）—そばの里

「豊平どんぐり村」は、広島都市圏に暮らす人が「ちょっと行ってみるか」と気軽に出かけてくつろげる場所として知られる。ハイキング気分で登れる龍頭山（九二八メートル）のふもと、津志見地区の丘陵地に二〇年ほど前に開かれ、年間三〇万人が訪れる。そんなどんぐり村の特徴を一言で表現するのはきわめて難しい。なぜなら、訪れる人がそれぞれに自分のイメージでどんぐり村を体感しているからである。

「どんぐり村」位置図

どんぐり村を手短に紹介すると、以下のようになる。

そば打ち体験ができて手打ちそばを食べられる「そばの里」▽芝生広場と野外ステージがある「イベント施設」▽体育館、野球場、テニスコート、ゲートボール場を備えた「スポーツ施設」▽温泉があって泊まれる「宿泊施設」▽産直市場やトイレが整備された「道の駅」▽美術館、民俗資料館、子ども向け広場もある。それだけではない。広島市内に八つの食堂チェーン店をもつ「むすびのむさし」が古民家を復元して「どんぐり村豊平店」を開いている。どんぐり村の入り口に翻る「むさし」の幟がひときわ目立つため、施設全体を運営しているのは「むさし」だと思い込んでいる人も少なくない。

テーマパークと呼ぶにはテーマがあいまい。「道の駅」なのだが駅にしては余りに広い。運動公園と呼ぶには他の機能が目立ち過ぎる。それでいて、子ども連れ、若いカップル、スポーツ好き、熟年夫婦など幅広い世代の人たちが繰り返し訪れ、休日は駐車スペースを探すのに苦労するほどにぎわう。「どんぐり村」というところは、どっちつかずでつかみどころがないのに人気が衰えない、そんな不思議な場所である。

豊平というと広島の人はたいてい「そばの里」を連想する。二〇〇四年に千代田、大朝、芸北と合併し北広島町が誕生して、豊平の呼称は消えた。しかし、「豊平＝そばの里」のイメージは合併前すでに定着していて、豊平と言えばそば畑が広がり、地元産のそばを味わえるところとして、いまも多くの人の脳裏に残り続ける。

とはいえ、「信州そば」や「出雲そば」のように、豊平に「そば文化」と呼べるような伝統が脈打っているわけではない。豊平とそばの関係は一九八〇年代、稲作に代わる作物の一つとしてそば栽培が奨励されたのが始まりなのである。もともと自家栽培のそばで客をもてなす風習はなかったし、町内にそば屋は一軒もなかった。誤解を恐れず書けば、豊平の「そば文化」は昭和末期生まれ、平成育ちと言ってよい。

一九八八年というから二〇年余り前、休耕田で採れたそばを持ち寄って「そばうち講習会」を開き、そこから「手打ちそば保存会」が生まれ、さらに「そばまつり」のイベントにつながった。「そば」をキーワードにした町づくりを発案し、意表をつくアイデアと持ち前の行動力で町づくりを引っ張ったのが、八七年に町長に就任した前田達郎さん（一九二八年生まれ）である。長く県農政部に籍を置き、県の「ふるさと一品運動」で旗振り役も務め、定年退職したあと郷里の町長に当選した。

「子どものころ、年寄りが山際の畑にそばをまき、石うすで挽いた粉を練って『そばがき』にして食べたもんです」。そんな昔を知る前田さんが一九八八年、そばを転作作物と決めたうえに、あろうことか「日本一のそばの里づくり」という誇大とも思えるスローガンを掲げた。はじめ、「そばなんて」と多くの町民は本気にせず、「どうせ新町長の大風呂敷じゃろう」と陰口すらささやかれた。

前田さんが並みの町長と違うのは、一貫してそばにこだわり通したことだ。そば栽培を奨励する一方で、単身、そばの世界にこの人ありと謳われた「名人」高橋邦弘さん（一九

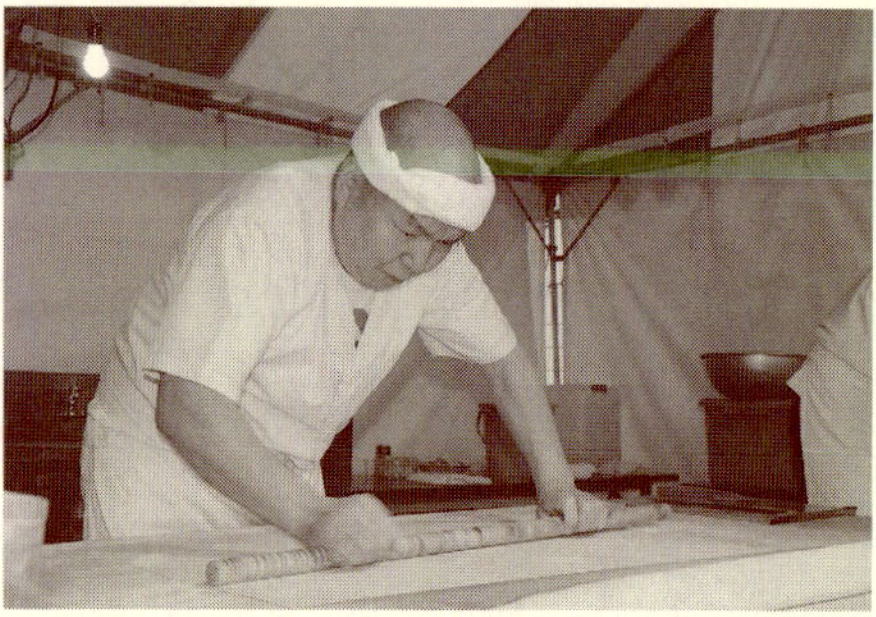

「豊平そばまつり」でそばを打つ高橋邦弘さん

四四年生まれ）を山梨県に訪ね、厚かましさを承知で、そばの栽培とそば打ち指導を頼み込んだ。承諾を得るとさっそく役場と農協職員を派遣し、研修を終えた二人が栽培と加工両面で普及に努めた。翌八九年、高橋名人が豊平を訪れてそば打ちを指導。町民の熱心さに触れた名人は、前田さんの「弟子を定住させてほしい」という要請に「それなら自分が来て住みましょう」と応じ、二〇〇一年にはとうとう自ら長笹地区の山中に店舗と道場を兼ねる「達磨《だるま》　雪花山房」を開いた。

「達磨」の文字をボディ側面にあしらった大型バスにそば打ち道具を積み、住み込みの弟子たちとそば打ち指導に全国を駆け回る高橋さんは、休日に限り「達磨」に客を迎える。「たいていの町が二―三年でそば熱がさめるのに、豊平はすごい。ぼくが逆に刺激を受けて、そば打ちの全国組織とは別に『豊平流』の段位認定制度をつくりました。初段、二段は地元の有段者が審査し、三段、四段はぼくが審査します」と高橋さん。「豊平流」つまり「高橋流」最高位四段の審査をパスし、名人が「店を持つ技量あり」と認定した人はいま町外を含め一三人。この一〇年で町内に五つのそば店が開業した。ちなみに三段四四人、二段一一三人、初段一一九

毎年11月のそばまつりは人気イベント

人。毎年、県内外から三、〇〇〇人もの段位認定志願者が豊平にやってくる。

高橋さんが「そばの里とよひら」の最大の貢献者であるのは間違いない。だが、生みの親は前田さんである。そば栽培に始まり、栽培法の普及、加工施設づくり、そば道場建設、独自品種「とよむすめ」開発、そば茶、そば焼酎、そして年に一度の「そばまつり」。二〇〇〇年の「日本新そばまつりイン豊平」は、全国のそば自慢が豊平に集結した一大イベントとなり、二日間で四万五、〇〇〇人がどんぐり村を埋めた。前田さんの大風呂敷「日本一のそばの里づくり」はウソではなかった。

二〇一一年一一月一九―二〇日、恒例となった「とよひらそばまつり」がどんぐり村で開かれた。雨にたたられた初日、高橋名人はテントの下で汗だくになってそばを打っていた。外には長い傘の列。順番待ちのお客が名人の手元を食い入るように見つめる。こねて伸ばし、たたんで切る。一工程を終えた名人がそばを持ち上げると、どよめきが広がった。一方、「道の駅どんぐり村」村長でもある前田さんは、満足そうにテントをのぞき、イベント会場を回って声をかける。

後日、前田さんの自宅を訪ねた。「地域の誇りは自慢できるものを持つことで生まれる。それには集中と継続が必要だと思う」と現役時代を振り返った。町長を辞めたあと、気ままに世界旅行をしたり国内各地を旅する。「食い意地が張っている僕は、欧米のワイン自慢や中国の料理自慢を聞くのが大好き。国内でも旅の先々でうまい物を味わって、豊平に帰ってから季節ごとに宅配便で送ってもらう。豊平のそばも二〇年でここまで来たから、あと二〇―三〇年続ければ『伝統』になるでしょう」。

ゼロからのスタートだったそば作りは、いま栽培農家一九〇戸、栽培面積五八ヘクタール。ただ転作作物というにとどまらず、豊平を象徴する「文化」の域に近づきつつある。

第七節　どんぐり村（2）―芝生ビジネス

　前田達郎さんが旧豊平町長になったとき、今日のような「どんぐり村」の構想があったわけではない。就任翌年の一九八八年、ゼネコンが所有していた遊休地を取得して造成に着手したときのプランは総合運動公園だった。そこへ登場したのが、当時の竹下登首相が提唱した「ふるさと創生一億円事業」。これで、動き出したばかりの「日本一のそばの里」に弾みがつき、おまけに当時大流行だった温泉掘削の財源のめどもついた。

　かくて、総合運動公園計画に新しい要素が次々と加わり始めた。運動公園のそばに温泉・宿泊施設、さらに「そばの里」の広告塔とも言えるそば打ち体験施設、古民家風の農産物直売施設、ミニ美術館、民俗資料館…。挙げ句、食堂チェーン店「むすびのむさし」が所有していた文化財指定区域内の土地（民間の開発不可）を町が史跡公園に整備する代替地として、運動公園の一角を提供することも決まった。その結果、園内を東西に貫く道路をはさんで南側は計画通りスポーツ施設を配したが、北側には運動公園とは縁遠い施設が建ち並んだ。前節で『どんぐり村』はどっちつかずで、つかみどころのない場所」と書いたのは、上記のような理由からだった。

振り返れば昭和から平成への変わり目、バブル絶頂期である。「あのころは公共事業もやりやすかった。例えばＵＩターンを促進するため若者向けに建てた町営住宅は、脱サラを念頭に置いて、所得の下限を設けて所得の低い人は入れないようなこともやった。おかげで都市からＩターンした若者が野菜や花の苗づくりで二〇人以上、豊平に移り住んでくれた。西日本の過疎地でＵＩターン対策を実践したのはうちが最初だったはずです」。

「どんぐり」の名が運動公園内で初めて使われたのは、温泉・宿泊棟に隣接するそば打ち体験施設「どんぐり館」と画家・武永槇雄さん（故人）の作品を収蔵する「どんぐり美術館」だった。のちに宿泊棟も「どんぐり荘」となり、里山のシンボル「どんぐり」と公園のイメージが結びついた。そして一九九四年、「道の駅」として認証を受けるときの呼称が「豊平どんぐり村」。自然がはぐくむやさしさを公園に託したこのネーミングもまた、建設が進むにつれて徐々に絞り込まれ、やがて訪れる人たちの胸に刻まれた。つまり「はじめに『どんぐり村』ありき」ではなく、既成事実を積み重ねながら、あたかも酒が発酵、熟成するように「どんぐり村」の呼称は生まれた。

つぎはぎだらけのようなさまざまな施設は、大別して三つの組織が管理している。運動公園、美術館、民俗資料館の管理は「財団法人とよひら公園協会」、温泉・宿泊、そば打ち体験施設は「株式会社どんぐり村」、野菜・花の産直市は「有限会社さんさん市」と、それぞれが責任を分担する。もともと第三セクターにより運営されていたのを、北広島町への合併を機に上記のような体制に切り替えた。「それぞれが協調しながら競い合うということです。僕が村長を務める『道の駅』は、お客さんに来てもらうための看板のようなもんです」。前田さんは、いまや豊平のシンボルとなった「どんぐり村」の運営体制をこう説明した。

ところで、この「どんぐり村」は、拡大成長の過程で意外なビジネスを生み出した。運動公園の芝生にお金をかけたくないという思いから「鳥取方式」と呼ぶ芝張り法を導入し、それに工夫をこらして、ついに「豊平方式」と呼べそうな独自の技法を編み出したのである。この芝生化技法は豊平の保育所、小中学校グラウンドに採用され、低コスト、短期間で芝生化できると評判になって全国へと広がり始めている。

その立役者は北広島町教育委員会に在籍する関口昌和さん（一九七〇年生まれ）。日本体育大学出身で運動公園の指導員だった彼は、安い芝張り法を求めて情報収集するうち、ニュージーランド出身で鳥取市在住の元商社マンに巡り合った。「うちの国は全土が芝生といっていいのに、日本では庭園やゴルフ場しか芝生がない」「芝生は草なんだからほかの草が生えてもいいではないか」と言う青い目の元商社マンは、鳥取大学と共同で低コスト芝生の育成、普及に取り組み「鳥取方式」を確立していた。

「鳥取方式」は、生長の早い芝生の苗をポットで育て、それを移植する方法。日本では育成した芝を三〇センチ角くらいに切って全面に敷き詰めるやり方が主流だったが、ポット育苗だと確かに安くてすむ。関口さんが会ったとき、元商社マンは日本サッカー協会と連携して普及に乗り出したばかり。そこで二〇〇五年に豊平に招いて運動公園で指導を受け効果を確認。翌年、町内の保育所に植えてみた。五月に植えて九月には一、〇〇〇平方メートルのグラウンドは緑のじゅうたんになった。

関口さんはさらに「苗をもっと効率的に育てる方法はないか」と地元の土建業者に持ちかけた。その結果、芝の根を小さく切り、土を入れた稲の育苗箱で苗を育てる手法を編み出した。葉を伸ばした苗を三〇センチ四方に一本ずつ植えたところ見事に広がった。さっそく豊平西小学校の保護者の協力を得てグラウンドに植え、芝生化の新技法に自信を深めた。生長があまりにも早いので二週間ごとに芝刈りが欠かせないという課題も見つかったが、地元の協力で芝刈り機を購入した。

校庭の芝生化はその後、豊平中、豊平南小でも実施され、評判を聞いた近隣の学校、保育所から見学が相次ぐようになり、広島県内だけでなく東京や秋田、熊本にまで「豊平方式」が広がっている。施工した学校の評価も上々で、「子どものケガが減った」「運動能力が高まった」「廊下や教室に砂が上がらない」「裸地に比べて夏場の温度が低い」などの効果が報告されている。

こうした効果を踏まえ、運動公園を管理する「とよひら公園協会」は芝生化の情報提供に乗り出した。一方、実際の芝生化施工は地元の土建業「ＳＵＭＩＤＡ」が請け負い、植栽後の維持管理もメールのやりとりで対応している。公共事業の減少で苦境に立つ土建業界にあって、ＳＵＭＩＤＡは芝生化という新しいビジネスに追われるようになり、二〇一一年夏、芝生工事専門の新会社「ぐりーんさぽーと広島」を設立した。広島市内に事務所を置き、芝生化を普及するためのホームページを開いて対応している。

公園協会の育苗技術改良に協力してきた新会社の下田宏一専務は「東京のお茶の水女子大付属小学校から頼まれて施工したが、とても喜んでもらっている。グラウンドの土質によって工法や育成法に違いがあるので一概には言えないが、芝を敷き詰める従来のやり方に比べると格段に安い。メールで写真をやりとりしながら指導もできるので、維持管理の不安もないようだ」と自信を深めている。

「どんぐり村」発の芝生ビジネスは、学校グラウンドの芝生化にとどまらず、都市のヒートアイランド現象を和らげるニュービジネスをも生もうとしている。

終章　総括編

第一節　人口政策としての過疎対策

日本が近代化に踏み出して以降、為政者を悩ませ続けたのは人口問題、具体的には過剰人口にどう対処するかであった。明治期にはハワイ、北米、ブラジルなどへの移民政策が積極的に進められ、昭和の戦前期は朝鮮半島、中国東北部、東南アジアへ、戦後は南米、中米移住が国策として推進された。しかし、一九五〇年代半ばから始まる高度経済成長を境に人口問題は劇的に変化した。工業化、都市化の過程で太平洋・瀬戸内工業地帯で国内の労働力が不足するようになり、人口の地域間移動、産業間移動が急速に進んだのである。

人口移動は集団就職、出稼ぎ、挙家離村といった形をとり、その間、進学率の上昇に伴う若年層の恒常的な都市流出が続いて、農林業の経営規模が小さい西日本、とりわけ中国山地など中山間地域では集落の維持すら困難になり始めた。近代化の過程で見られた過剰人口問題とは全く逆、少なくとも明治以降の日本が経験したことのない過少人口問題に直面したのだ。東京オリンピック以後の半世紀近くにわたって、中山間地域つまり農林業の条件に恵まれない地域の人口減少は止むことなく続いて今日に至る。

都市の過密に対する山村の過疎——。人口減少が引き起こすさまざまな問題、たとえば児童・生徒数の減少に伴う学校の統廃合、無医地区の増加、公共交通機関の削減といった課題に対処するため一九七〇年、過疎地域対策緊急措置法（過疎法）が一〇年の期限付きで議員立法によって制定された。人口減少率と財政力を指標（のちに高齢化率、若年人口比率を追加）に線を引き、適用市町村には過疎対策に充てる起債の七〇％を交付税で補てんするというのが過疎法の要点である。一〇年の期限を迎えるたびに過疎地域振興特別措置法、過疎地域活性化特別措置法、過疎地域自立促進特別措置法と名称は変更されたものの、この四〇年あまりの間、法律自体の基本は変わっていない。

その名が示す通り、わが国が初めて直面した中山間地域の過少人口問題への対応は「緊急措置」「特別措置」という限定的な対策にとどまっている。過疎法制定と同じ一九七〇年、有史以来初めてというコメの生産調整（減反政策）も始まり、稲の作付制限は結果的に農業を縮小へと導いた。一九七〇年は大阪万博の年でもあり、多くの国民は「太陽の塔」やパビリオンを回りながら、戦後復興を経て先進工業国の一員となった感慨に浸った。工業立国、貿易立国の華やかな自画像に陶酔し、山村の荒廃（過疎）という足元を突き崩す国土の疲弊を、とりあえずの緊急措置で糊塗してしまった。残念ながら、それが当時の日本に漂う空気だった。

以後四〇年余、内外のめまぐるしい動きを一言で表現するのはむずかしい。

田中角栄元総理を頂点とする金権、利権政治のまん延、バブル経済とその破綻過程で露呈した経済界のモラル退廃、東西冷戦構造の崩壊、グローバル化が産み落とした格差社会、企業のアジア進出に伴う国内産業の空洞化、中国の台頭、地球環境問題と化石燃料枯渇への不安…。さらに二〇一一年三月一一日の東日本大震災、東京電力福島第一原発のメルトダウン、国家財政の危機、政治の迷走と続く。その間、日本の人口は二〇〇六年をピークに減少に転じ、それが労働政策、年金福祉政策の将来に重苦しくのしかかっている。

さてこうした激動期、過疎の先発地帯である中国山地で何が起きていたか。

一九八三年に取材を始めて八五年までの二年半、筆者も取材に加わった『新中国山地』に書き留めたのは、止めようのない高齢化と生産年齢人口の減少、それに伴う農地や里山の荒廃、そして地域にとどまった団塊世代の若者による「むらおこし」であった。

それから四半世紀の歳月を経て二〇一〇年に再び訪れた中国山地は、高速道を含む道路整備が進み、コミュニティー会館など公共施設、道の駅、温泉が整備されたものの、一方で「平成の大合併」を機に小中学校の統廃合が、目立った反対運動もないまま断行されている。高齢化が行き着く先を示すように空き家が目立ち、空き家の増加はかつての役場周辺にまで及んでいる。圃場整備された水田や里山の荒廃が進み、地域の活力低下はだれの目にも明らかである。三〇年ほど前に「むらおこし」を支えた団塊世代は六〇歳代。退役したいまも地域づくりの中核を担っている。

高齢化率五〇%は当たり前、二〇戸に満たない棚田地帯では子どもも若者もいない高齢化率一〇〇%という集落も出現している。この三〇年近くの間にすでに消滅して無人となった集落、あと二〇年以内に確実に消滅するであろう集落も少なくない。

太田川の源流に近い戸数三戸の集落で、屋根を瓦に葺き替え家を改築中の老夫婦に会った。ともに八〇歳を過ぎた二人がこもごも口にした言葉が忘れられない。「昨日と同じ朝を迎えられたことに手を合わせ、明日が今日と同じであるよう願う」と。それを聞きながら、四〇年余の間つづいた過疎対策とは一体何だったのだろうと考えざるを得なかった。

過少人口地域の拡大に伴う産業の衰退、国土の荒廃という点で、過疎法を柱とする人口政策は明らかに失敗だったというほかない。ただ、そこに生きる人たちにとって、交通対策、医療、高齢者福祉、買い物の不便緩和策などの対策が講じられ、六〇～七〇代の元気な女性やIターン青年たちによる高齢者支援もあって、日常生活を維持するという意味ではかつてのような孤立感はみられない。

益田市匹見町で、ほのぼのとした光景に出くわした。独居老人のために週一回、お弁当をつくって送り届ける婦人グループは六五歳前後の女性で構成され、実に楽しそうに調理に取り組んでいた。匹見町道川のかつての庄屋屋敷を修築した美濃地邸では、公民館長でもある三好成子さん（一九三八年生まれ）が中心になって五人の女性たちが食材を集めて会席料理をつくり、益田市内や広島からのお客に「美濃地邸食」と名付けて予約制で提供している。什器類はすべて美濃地家に伝わる豪華な漆塗り、三好さんの解説と時に琴の演奏も加わるという「ていしょく」の観念をくつがえす贅沢なメニューである。

　米つくりが難しくなったら稲作を集落営農法人に託し、自らは野菜をつくって道の駅や産直市に持ち込むというお年寄りは、どこの集落にもいる。かつて手掛けたわら細工や木工、炭焼きなどの手仕事を生きがいにするお年寄り、婦人グループのトチもち、こんにゃく、ワサビ、山菜加工、田舎暮らしを希望する人を泊まらせる農家民泊…。中国山地では、元気で体が動かせる間は年齢を問わず現役なのである。

そろいのかっぽう着で「美濃地邸食」のお客を迎える主婦グループ（2011 年 7 月）

　こうしてみると、人口政策には失敗したかもしれないが、中国山地に生きる人たち（ほとんどが高齢者なのだが）は、別の価値観を見いだしているようにも思える。実は、先に紹介した太田川上流の老夫婦の言葉は、生きていることへの感謝のあとに「欲を言えばきりがない」と続いたのだが、その心境は老子の「足るを知る者は富み…」と相通じるのかもしれない。それはまた、二〇一一年末に来日したブータン国王の提唱する「国民総幸福量」（GNH）とも似通っている。
われわれが経済的な豊かさを求め続けて見失ったものを、中国山地を歩いて再発見した思いであった。

第二節　里山復権

米をつくり、牛を飼い、炭を焼き、砂鉄を採り、鉄をつくり出す―。中国山地で明治中期まで営々と続いた鑪《たたら》製鉄を柱とする人々の暮らしは、鑪の終焉以後も米、牛、木炭が維持され、一九六〇年代初頭まで農畜林の複合体系として続いた。しかし一九六〇年代以降、農耕に不可欠だった牛は耕運機、トラクターにその座を追われ、木炭もまた石油、ガスの普及、つまり燃料革命によって消費が激減、やがて米も一九七〇年からの生産調整（減反政策）で作付を制限されて、中国山地全体の暮らしが揺らいだ。

中国山地の農畜林複合体系は、里山の存在を前提に組み上げられていた。筆者の子ども時代の体験と取材で得た知識をミックスして書くと以下のようになる。

水田に入れる堆肥は、夏の盛りに里山の笹や茅を刈り取って牛舎に入れて厩肥にしたり、秋の終わりに積み上げて発酵させたものを田に入れて地力を維持した。木炭は都市の家庭用燃料として農閑期の冬場に生産され、農家の重要な収入源になった。さらに中国山地の脊梁一帯のなだらかな山並みは、牛が農耕から解放される初夏から晩秋にかけて放牧地として利用され、仔牛が産まれるとこれも現金収入になった。

時に風水害、雪害に見舞われることはあっても、中国山地では農地（水田、畑）、里山（燃料、採草、山菜）、牛（農耕、仔牛生産）の三点セットを巧みに組み合わせて衣食住の生活循環系が確立されていた。塩を含む海産物以外は一日行動圏内で自己完結できる仕組みも出来上がっていた。道路や水路の整備、住家の改築や屋根替え、冠婚葬祭は集落の全員が参加し、農繁期は「結い」「もやい」といった相互扶助で乗り切るという長年の慣行も生きていた。

基本をなす農地、里山、牛のいずれか一つがバランスを崩すと、伝統的な生活サイクルは機能不全に陥る。機能不全を引き起こすきっかけとなったのは燃料革命だった。一九六〇年代初頭、薪炭に代わる石油、ガスの普及によってかまど、いろり、掘りごたつが消え、ガスレンジ、石油ストーブ、電気ごたつが登場する。耕運機、トラクターが農耕の主役になると納屋から牛が消えた。田植え機、コンバインによって稲作の機械化体系が完成して農業は石油依存を強め、堆肥に代わる化学肥料、さらには殺虫・殺菌・除草剤など農薬の普及が進んで、農家は現金を必要とするようになった。

農家の生活スタイル、農業スタイルの激変による影響をまともに受けたのが里山だった。薪も炭も使われず、堆肥に使う芝草刈りも途絶え、里山が顧みられなくなってしまったのだ。辛うじて里山に人をつなぎとめたのは、国が進めた拡大造林政策だった。もはや使い道がなくなった広葉樹に代えて杉、桧を植える。植えてから五〇～八〇年後には建築用材として売れるようになり、農家の家計に寄与するはずだった。国を挙げて推進された拡大造林によって、ほぼ全域が広葉樹林だった中国山地でも四〇%が人工林になった。下草刈り、枝打ち、除伐、間伐と手入れをして、一九五〇～六〇年代に植林した山では、二一世紀に入って伐採できるまでに生育した。

しかし、拡大造林と並行して進んだ木材輸入自由化によって国産材の価格は低迷し、深刻な林業不振が長期にわたって続く。小規模な民有林は、所有者の高齢化、後継者の都市転出によって管理が行き届かないまま放置され、ある程度まとまった人工林を森林組合が辛うじて維持している。伐採時の収益を分け合う分収造林も、木材価格の低迷によって当初見込んだ収益を確保できなくなって、分収契約自体の見直しを余儀なくされている。

こうして里山は八方ふさがりの状態に追い込まれ、それがイノシシ、サル、シカ、クマといった有害獣のまん延につながる。

燃料革命によって引き起こされた「里山離れ」は、里山自体の生態系にも新たな影を落とし始めた。一九六〇年代末期に沿岸の都市周辺から始まった松枯れ被害は次第に中国山地に拡大し、いまや被害は中国山地の全域に及んでいる。マツノマダラカミキリに寄生するマツノザイセンチュウの異常発生がもたらすとされる松枯れは、中国山地に多い松林をほとんど全滅させてしまった。その結果、日本一を誇った広島県のマツタケ生産量は激減し、岡山、山口を含む中国山地の南面でもマツタケは「山のダイヤモンド」と形容されるほど庶民の食卓から遠ざかった。

それだけではない。二〇〇〇年代初期に東北地方の日本海側から広がり始めたナラ枯れは、次第に日本海沿岸の山林を南下し二〇一〇年に鳥取県で被害が初確認されて以後、島根、山口の沿岸部から次第に中国山地に広がり、現在も尾根を越えて広島、岡山に拡大している。カシノナガキクイムシの異常繁殖がもたらすナラ枯れ被害も、松枯れ同様に「里山離れ」によって引き起こされた生態系の異変と言えるだろう。ナラの巨木に被害が集中しているのは、ほぼ三〇年サイクルで伐採して炭を焼いたかつての人の営みが途絶え、里山が放置された結果と言えよう。

人工林の拡大による杉林のスギカミキリ被害、桧林のヒノキカワモグリガ被害もまた、生態系への配慮を欠いたまま拡大造林を奨励し、針葉樹の単一林化を進めた結果であろう。

米、里山、牛の三点セットによる中国山地の生活循環系が、燃料革命によって断絶してほぼ半世紀。里山に絞って見ただけでもわれわれは多くの失敗をおかし、失敗から多くの教訓を学んだ。

中国山地で鉄の生産が始まって、おそらく一、四〇〇年は経ているだろう。全国の鉄生産量の過半を占めるようになってからでもゆうに四〇〇年はたっている。その間に築き上げられた生活サイクルは、農林業の生産用具から日常生活用具に至るまで、四季の変化を踏まえて実に精緻に組み立てられていた。各地に展示されている民俗資料を見れば、樹木や草花の特質を知り抜き、鍬や鎌の柄ひとつとっても樹種を見事に使い分け、稲わらを巧みに使って暮らしていたことが知れる。そういう暮らしと決別してほぼ五〇年の間に、ガスや石油の暮らしの利便性に浸り、広葉樹を切り倒して針葉樹を植え育てることが後世のためになると信じ込んで、里山をないがしろにした。

化石燃料の有限性や地球環境に及ぼす影響に気づき、原子力発電の危険性を目の当たりにしてようやく、かつて里山が果たした役割を見直す機運が広がりを見せている。化学肥料に頼る農業がもたらす土壌の疲弊には、里山が恵んでくれる有機質の投入が有効であること、木質燃料は樹木の生育サイクルに従うかぎり無限であること、バイオマスや自然エネルギー活用の期待など、里山再発見は中山間地域に変化をもたらすかもしれない。すでに中国山地の各地で木質ペレットの生産が始まり、温室や学校での暖房に利用されている。岡山県真庭市では製材工場から出る端材を利用した発電が稼働し、島根県西部の森林組合は中国電力の火力発電所へ廃材を供給している。

里山の新たな利活用はまだ緒に就いたばかりだが、環境への適合性からみて急速に拡大するだろう。その時、森林組合が中核を担うのはほぼ間違いない。その森林組合が、この一〇年足らずの間に急速に若返っている。それを支えるのは都市からのIターンの若者である。例えば島根県の飯石森林組合は「ザ・モリト（森人）」と銘打って都市からの受け入れを積極的に進め、二〇人を超える若者が作業班員として間伐や材木の搬出に汗を流す。ほとんどの森林組合にこうしたIターン青年がおり、高齢化で引退が相次ぐ地元作業班の欠員を埋めている。

重機で運び出した間伐材（広島県北広島町）

田舎暮らしを志向するIターンの若者が経験を積めば、森林組合のイメージも変わるだろう。なぜなら、これまで新植、育林中心だった森林作業は、販売を前提とした間伐から、やがては成木の伐採へと向かうからである。そうなれば、これまで次々と姿を消した山間部の製材工場が復活し、雇用の機会はさらに膨らむ。問題は国産材の価格動向ということになるが、これも政策誘導によって国産材を優遇するようになれば、現在のようないびつな状態は緩和されると信じたい。

過去半世紀の失敗に学べば、里山は確実によみがえる。

第三節　高速道の悲哀

このたび訪ね歩いた広島、島根の中国山地では、二〇年前に広島―浜田を結ぶ浜田自動車道が開通し、いま尾道―松江間で国土交通省直轄の高速道建設が進んでいる。人の移動や物流の動脈として高速道が果たす役割は実に大きい。しかし、高速道のルートから外れた地域では「こんなはずでは」と交通量の激減を嘆き、尾道―松江線でも現在の幹線である国道五四号沿線で空洞化への懸念が広がっている。そこで、高速道がもたらしたもの、これからもたらされるであろう影響について考えてみる。

浜田道が開通する以前、広島と浜田を結ぶ幹線道は二つあった。一つは広島湾に注ぐ太田川をさかのぼり加計、芸北、金城を経て浜田に至る国道一八六号、もう一つは明治期、広島県の千田貞暁県令（知事）が沿線住民を動員して開いた主要地方道の浜田・八重・可部線（一部は国道二六一号と重複）である。国道一八六号は広島、浜田の最短ルートとして、浜田漁港に水揚げされる海産物、広島から進出した企業の自動車部品輸送を担った。

また日本海での磯釣りや夏場の海水浴など行楽客にもなじみ深いルートだった。一方の主要地方道浜田・八重・可部線は、戦前は鉄道省の省営バス、戦後は国鉄バス、ＪＲバスが広島、浜田間を走り、マイカー普及以後も旅客輸送の動脈として重要な役割を果たした。

浜田道が開通して、これら二つの幹線道沿線で何が起きたか。

国道一八六号では沿道にあったドライブインがほぼ全滅した。広島県側では広島、浜田のほぼ中間点、王泊ダム湖畔にあってマイカーや貸し切りバスでにぎわったドライブインが高速道開通直後に店を閉めた。加計の下流に広い駐車スペースをとって川魚料理やイノシシ料理を売り物にして人気を集めていた店も、隣の木工品を扱う店とともに閉店した。このドライブインは二〇一一年まで三年くらい「売り物件」の幟を立てて売りに出ていたが、買い手がつかなかったのかどうか幟も撤去してしまった。

交通量が激減して閉店したドライブイン
（広島県安芸太田町、2010 年）

旧芸北町にあった野菜直売店も閉店した。「小遣い稼ぎにと思うて店を開いて、行楽シーズンにはパート店員を雇うほど忙しかったのに、高速道路が開通してからはさっぱり。トラックの行き来もガタ減りで昔にもどってしもうた」。この店を開いていた女性は高速道の影響をこう口にした。

島根側では、浜田市金城町（旧金城町）波佐に「鯖寿司」「田舎寿司」の看板を掲げる店が二軒ある。両市を行き来するビジネスマンや釣り客にはよく知られた店だが、聞くと客足は往時の一割にも満たず、「わざわざ広島から買いに来てくださるお客があるもんで」と細々と営業を続けている。大型トラック相手のガソリンスタンドも売り上げがガタ落ちになり、地元利用者だけを相手に店を開いている。釣り具や釣り餌を扱っていた店はとっくに閉店し、店も荒れ放題である。

県境をまたいで広島電鉄と石見交通が地元自治体の支援を受けて運行していた定期バスは、二〇一一年度で運行を打ち切った。やむなく北広島町は、島根側から加計高校芸北分校に通う生徒のため、地元のバス会社と契約して朝夕だけバスを走らせる。

もう一つの幹線だった主要地方道浜田・八重・可部線では、高速道の開通を機に広島、浜田を結ぶＪＲバスがすべて高速道経由に切り替えた。その結果、北広島町大朝の大塚地区から三坂峠をはさんで邑智郡邑南町市木の間一〇キロはバス路線が消えた。大朝、広島間も高速道開通に伴って国道二六一号を走る定期バスが大幅に削減された。定期バス削減の影響をまともに受けたのが、旧大朝町の私学「広島県新庄学園」である。少子化で生徒数が減っている上に通学の足を奪われれば、学校の存廃にかかわる。背に腹は代えられず、同校は生徒を確保するため通学バス八台を購入し、遠くは広島市、三次市まで毎朝夕バスを走らせている。

もともと大朝は石見地区の浜田、江津、大田、川本と広島の結節点としてにぎわった歴史をもつ。古くは浜田藩の参勤交代や鑪製鉄で行き来する人や物資の集散地の歴史もあり、そうした名残からか山間部には珍しく料亭が三軒のれんを掲げていた。それも高速道の開通を機に相次いで閉店し、一軒もなくなった。大朝にはバスターミナル「大朝駅」があり、夜の社交場が三軒、お寺が一〇ヵ寺、明治以来の私学といった小さいながらも都市機能がそろっていた。それが、大きく変わるきっかけが、ほかならぬ高速道路であったという事実は重い。

さて、もう一つの高速道である尾道―松江線は双方の都市から部分開通が続き、二〇一三年には中国自動車道の三次ジャンクションまでつながって、広島市と松江市が高速道路で結ばれる。二〇一四年度には全線開通し、山陽道とも連結して備後地区の瀬戸内沿岸と山陰との時間距離は大幅に短縮される。

尾道―松江線の全線開通の影響をまともに受けるのは、長い間、広島、松江の幹線道路として機能してきた国道五四号沿線である。特に赤名峠をはさんで南北につながる三次市布野町と島根県飯南町は、交通量の激減は必至である。この高速道は国土交通省の直轄で建設されるため、高速道路会社（旧道路公団）の高速道と異なり、通行料金が無料となる。それを考慮に入れると、先に見た浜田道（有料）よりもさらに影響が大きい。両自治体は影響を最小限にとどめるため、電気自動車の充電スタンド設置などの対策を検討中だが、布野、赤名、頓原の三つの道の駅は、集客の抜本策を講じない限り、存亡の危機に立たされるのは間違いない。ただ通過客を相手にする経営から客を呼び込む経営への転換ができるかどうか。

もう一つ、先の浜田自動車道の影響でも触れたが、定期バスが高速道を走るようになると、沿線のバスが削減される。国道五四号は広島電鉄、一畑交通、ＪＲバスの三社が運行している。このうちＪＲバスを除く二社は高速道開通を機に一般道のバスを廃止する可能性が高い。そうなると高校生の通学、高齢者の医療機関への通院、買い物などへの影響は避けられず、自治体によるバス運行も視野に入れなければならなくなるだろう。

広島、島根の陰陽を結ぶ交通は長い間、極論すれば江戸時代の石見街道、出雲街道、石見銀山の銀を運ぶ銀山街道をほぼ踏襲していた。しかし、高速道路は都市間を最短距離で結ぶことを優先するため、沿線への影響は従来ほど考慮されてはいない。ドライブインの廃止、バス路線の削減といった目に見える影響はむろんのこと、沿線の住民が受ける心理的な疎外感は極めて大きい。

第四節　学校が消える

「平成の大合併」を機に学校の統廃合が急速に進んでいる。少子化の結果、児童数が一ケタになり複式、複々式でも維持が困難な学校が続出したためである。一九六〇年代から七〇年代、過疎化の波が押し寄せた時期、学校の統廃合計画をめぐって各地で反対運動が展開され、深い傷跡を残したことは地域の語り草になっている。ところが、現在の統廃合は「親たちが賛成なら仕方あるまい」というあきらめにも似た空気が支配的で、目立った反対運動は見られない。通学バスも整備され、かつてのような通学の不便が解消されていることも、統廃合への抵抗が少なくなった一因かもしれない。しかし、学校の消滅が地域に及ぼす影響は大きい。

広島市に隣り合う山県郡北広島町豊平地区（旧豊平町）では二〇一一年、三つの小学校を一つに統合する計画が決まり、すでに新しい学校建設へ向けて動き出している。一九五〇年代半ば、三つの村が合併して豊平町が誕生したとき小学校は一一校あった。一九六〇～

七〇年代に統廃合が進められ、学校の位置などをめぐってさまざまな反対運動、誘致合戦を経て八校が消えて旧村に一校ずつの三校に減り、いまさらに一校になろうとしている。

六〇～七〇年代の統廃合に当たって豊平町は、廃校舎を雇用の受け皿にするという地元対策を打ち出し、ほとんどの廃校跡に縫製、綿加工、金属加工などの工場を誘致した。この結果、工業出荷額が隣の旧千代田町を抜いて山県郡内でトップになったこともあり、時の町長は鼻高々だった。しかし今、誘致工場はことごとく閉鎖され、唯一、かつての中学校の綿工場のあとに金属加工会社だけが残っている。校舎のあとは集会所、老人施設、ゲートボール場などに姿を変え、昔日の面影はない。少子高齢化が時の流れとはいえ、子どもの学び舎が老人向けに改装されたのを目にして、地域の将来を思わずにはいられない。

豊平では千代田高校豊平分校も廃止され、利活用のあてもないまま鉄筋コンクリートの校舎が放置されている。

同じ北広島町の芸北地区（旧芸北町）では、隣接する芸北中と加計高校芸北分校の間で、合併前から中高一貫教育が行われてきた。本校への通学が困難なため一部は私学や広島市内の高校へ入る生徒もいるが、大部分は芸北分校へ進む。それに県境を越えて浜田市金城町から分校へ通う生徒もいて、生徒数は本校とそん色ないほどである。地域の支援もあってクラブ活動も盛んで、分校単独で夏の高校野球に出場したり、神楽クラブが地域のイベントに積極的に参加する。また一貫教育の成果と言えそうなのが卒業後の進路である。分校長みずから生徒を自室に招き入れ、教員も生徒の適性を見極めたきめ細かな進路指導をするため、大学進学でも就職でも本校顔負けの実績を挙げてきた。

ところが、郡内の県立高校二校（千代田、加計）は生徒数が減り続け、県教委が統廃合の検討を進めていて、芸北地区では統廃合の影響が中高一貫教育に及ぶのではないかと不安を募らせている。特に本校である加計高校はＪＲ可部線の廃止に伴って、広島市北部の中学校から受け入れていた生徒が激減、安芸太田町内の三つの中学生も減り続けており、芸北地区では「もし本校が募集停止になれば分校はどうなるのか」と気をもむ。仮に一校になっても、分校として存続する道があるとはいえ、地区の心配は当分続く。

高校では安芸高田市の高宮高校、島根県美郷町の邑智高校がすでに廃校となり、今後さらに統廃合の動きは加速しそうである。

こうしてみると、中国山地の学校統廃合の動きは義務教育にとどまらず、高校にまで及び、地域が必要とする人材を育てる仕組みそのものが揺らいでいる。過去の統廃合の歴史をみれば明らかなように、いったん廃校になれば再び学校がよみがえることはない。地域の将来を考えれば、可能な限りの手を尽くして存続を図りたいというのが、住民の切実な願いであろう。

一九八〇年代半ば『新中国山地』を取材したとき、長野県や和歌山県で始まった山村留学の動きが中国山地にも波及していた。一九八三年にスタートした氷ノ山のふもと、兵庫県宍粟市波賀町の道谷小学校もその一つである。初年度、地元児童二三人に対し、関西都市圏から受け入れた児童は六人、翌八四年は地元児童が一七人に減り、留学生八人が里親のもとから学校へ通っていた。学校を訪ねた当時、留学制度は地元でも、送り出した親からも好評だった。あれから二九年、学校に電話を入れると「ええ、まだ続けてますよ。正月明けに二〇一二年度に留学予定の親子が下見に来ました」という返事。「第一期の留学生が、もう子どもを連れてスキーに来てくれます。留学生が架け橋になって都市との交流も活発ですよ」と山村留学の置き土産を語ってくれた。

岩国市本郷町（旧本郷村）の本郷小中学校で一九八七年に始めた山村留学も、二〇一一年に四半世紀の節目を迎えた。こちらは木造の山村留学センターを新設し、子どもはセンターに寝起きして学校に通う。二〇一一年までにすでに四二八人を受け入れ、巣立っていった留学生たちが本郷での思い出や近況をインターネットのブログに書き込んでいる。大田市三瓶町にある財団法人・育てる会（本部東京）の山村留学センター「三瓶こだま学園」も、一九九六年から大田市教委がプロジェクトに加わって北三瓶小中学校への留学を続けている。

山村留学は現在八道県、一一四校で行われているが、平成の大合併を機に減り始めている。単独町村制の場合、学校存続を願う地域の声を反映してきめ細かな留学施策が展開できたが、合併後は留学生寮を指定管理に切り替えるなど合理化の動きが加速し、地域とのつながり、親との連携など関係者の不満が膨らんだ。これが、山村留学減少の一因とみられる。

山村留学は「自然の中で子どもをのびのび育てたい」という都会の親の思いと「少しでも多くの子どもと交わらせ、学校を存続したい」という山村の期待とが一致して初めて成り立つ。また、児童数を増やしたいという地域の思いは、例えば安芸高田市高宮町川根のように公営住宅を学校近くに建て、そこにUIターンの家族を迎え入れるという取り組みもある。川根地区の場合、統廃合計画に対して隣接校との合同授業を逆提案し、二〇一一年度から小規模三校が合同で授業をする試行も続いている。

単に「親が賛成なら統合もやむなし」というのではなく、地域の知恵を集めて存続への努力をしない限り、これからも廃校は増え続けるだろう。繰り返すが、いったん廃校になった学校が復活した例はない。しかも、近くに学校がない地域でUターンやIターンを呼びかけても実効は期待薄である。

第五節　土建業の盛衰

一九七〇年に制定された過疎法は、一〇年の期限ごとに名称の一部を変え、指定要件を変え、省庁の再編に伴って所管省庁も変更されて四〇年余が過ぎた。それまで一〇年の時限立法だったのが二〇一〇年には「過疎地域自立促進対策特別措置法」という名称をそのまま引き継いで、法律の期限も二〇一六年までの六年となった。六年という変則的な時限になったのは「平成大合併」の特例措置期限（二〇一六年）とリンクさせた程度の意味らしいが、それにしても振り返って過疎法は一体何だったのだろう。

唐突だが、過疎法の功罪を語るには土建業界の動向を見るのも一法だろう。

いま、中国山地の土建業界で廃業、転業、多角化が相次いでいる。背景には市町村が発注する公共事業が極端に減っているという現実がある。過疎地域はもともと農林業が中心だから企業などないに等しく、民間工事は期待できない。土木にしろ建設にしろ役所の発注工事が頼りである。高度経済成長期以後は公共事業も膨らんだ。市町村は競って道路を整備し、圃場整備を進め、学校、集会所、高齢者福祉施設、農林業共同利用施設が建設された。

過疎法の施行以後、過疎化に悩む市町村の公共事業を支えたのは過疎債、つまり借金であった。過疎対策計画に盛り込まれた事業は、起債の七〇%をのちに交付税で国が補てんしてくれる。仮に一〇〇万円の事業を行うとすると、七〇万円は国が手当てしてくれるから、市町村の負担は三〇万円ですむ。これが国庫補助事業となると国、県からさらに合計二分の一（一五万円）の補助金があるから、一〇〇万円の事業に対して市町村は一五万円を工面すればよい。もともと財政力が弱い自治体なので手厚い支援があって当然なのかもしれないが、実はこの仕組みが長年にわたって地域の土建業界を潤してきた。

なにしろ二〇一〇年の過疎法改正まで、過疎対策はハード事業一辺倒だった。道路、圃場整備、公共施設の整備といった目に見える事業ばかりだから、首長は有権者に実績を誇示できる。一〇年ごとに市町村が作成する過疎計画に記載されていれば、ほぼ無条件に過疎債が認められるので、仮に一億円の事業でも市町村長は補助事業だと一五〇〇万円の財源のめどをつければよかった。起債の承認などで多少の政治力は必要だったかもしれないが、「やり手」と評される首長が「過疎債は打ち出の小づち」と公言してはばからなかったのは、そういう理由からである。

その恩恵にあずかったのが土建業者だった。一九九〇年代初頭までは、どんな小さな村でも複数の土建業者が看板を掲げ、羽振りのよさを競った。従業員はというと、圃場整備で農業が省力化された兼業農家から採用すればよかった。つまり、土木建設事業の増大は雇用確保、所得増などどれをとっても地域にとってプラスに作用した。特にバブル経済期まで、過疎地域において土建業は基幹産業として地域をけん引する役割を担った。ところが、小泉政権が掲げた三位一体改革で地方財政が苦しくなり、平成の大合併を機に公共事業が激減して事情は変わった。

過疎法四〇年の間に、道路も圃場も公共施設もあらかた整備された。見方を変えると平成大合併以前の旧市町村時代に、いわゆる社会基盤の整備はできていた。残っているのは合併建設計画に盛り込まれたハード事業くらいである。その合併建設計画は、財政健全化の旗印のもと、計画倒れに終わりかねない事業も少なくない。土建業者にとって、合併前は気心の知れた首長、議員、役場職員がいて、ほめられたことではないが「魚心あれば水心」で仕事も受注できた。しかし合併の結果、かつての人脈や慣行は通用しなくなった。追い打ちをかけるように公共事業削減である。

広島県北広島町の旧大朝町では、五社あった土建業者のうち二社が二〇一一年に廃業した。廃業した二社に幾度か接触を試みたが、結局インタビューできなかった。どの土建業者も危険物取扱、重機操作など様々な特殊技能資格を持った従業員を抱えている。仕事がないのに有資格者を遊ばせておくわけにもゆかず、わずかな手当てを支給して自宅待機というケースが目立つ。

もともと過疎地域の土建業者は一九六〇～七〇年代の創業が多く、農林業をしながら起業したという例が少なくない。そういう土建業者は、高齢化した農家の稲作を請け負ったり、育林を引き受けながら公共事業受注の機会に備えている。

すでに本編でもふれたように土建業の業務多角化も進んでいる。二代目に後を託してワサビ栽培（益田市匹見町）、経営者の息子がイチゴ水耕栽培（庄原市高野町）、校庭などへの芝生植栽（広島県北広島町）、公共施設の指定管理者（島根県邑南町）、本業を続けながらチョウザメの養殖（同）、国営開拓地を利用してのエゴマ、ブルーベリー栽培（島根県奥出雲町）など実に多種多様の事業に挑んでいる。

多角化を進める土建業者に共通しているのは、農業でも水産業でも、土建業で培ったノウハウをフルに活用して、周囲が目を見張るほど大規模な事業展開をしていることだろう。重機を使った基盤の整備はもとより、国の補助金を使って億単位の事業を進める業者も珍しくない。背景に公共事業の減少という事情はある

多角化を目ざしエゴマ栽培に乗り出した島根県奥出雲町の農場

にせよ、成長が見込める事業に果敢にチャレンジする姿勢は、周囲の農家にとって大きな刺激となっている。地域との連携などによって歯車がかみ合えば、農林業に新たな改革をもたらす可能性もある。

ただ気掛かりなのは土建業界に「夢よもう一度」との思いが依然として残っていることである。過去にも風水害による災害復旧で息を吹き返した土建業者は多い。とはいえ、社会資本の整備が曲がりなりにも整ったいま、これからの公共事業の重点は既設の公共施設の維持管理に移り、新規の大規模事業は期待薄である。公共投資による景気刺激策など夢のまた夢であり、しかも過疎対策の重点がハードからソフトへ移行し始めており、土建業界の再編淘汰は避けられないだろう。

そうした中ですでに始まっている土建業の多角化、異業種への参入が地域にプラス効果をもたらすような施策が必要になるだろう。これまで、業界内のもたれ合い、行政との癒着など、とかく不信の目が向けられがちだったこの業界が、地域において信頼を深めるチャンスと言えるかもしれない。

第六節　価値観転換のとき

明治の近代化から今日まで、より近くは敗戦後このかた、われわれは貧困からの脱却、あるいは経済的な豊かさを求めて懸命に生きてきた。そして一九八〇年代までに衣食住に事欠かない暮らしを手に入れ、少なくともテレビなどで目にするようなアジア、アフリカの貧困、飢餓とは無縁の暮らしを手にした。それは日本人の勤勉の賜物と素直に誇りにしてよいだろう。いくつかの国で「ルック・イースト」とか「日本に学べ」という掛け声のもと国づくりや地域づくりに乗り出したことが、それを証明してくれる。

とはいうものの、戦後復興から高度経済成長を経て今日に至る間、多くのものを獲得する一方で、多くのものも置き去りにし失った。

産業という観点からは、第二次・三次産業は大きく膨らんだが、第一次産業は衰退した。その結果、暮らしの基本である衣食住において輸入依存を強め、特に食の自給率（四〇％）が極端に低いといういびつな国になった。エネルギー源を化石燃料と原子力に頼った結果、為替相場に一喜一憂したり、たった一カ所の原発事故で全国の電力需給が危機に陥るという未曽有の体験に右往左往する羽目になった。グローバル化という波は、どこに落とし穴があるかわからない不安と背中合わせである。

さらに、バブル経済の崩壊以降、経済が上向く気配は見られず「失われた一〇年」を「失われた二〇年」と言い換えても結果は同じ。政界も財界も降りかかる火の粉を払うのに汲々とし、国民は負の連鎖にもがき続けてきた。二〇一一年、台頭する中国に「GDP（国内総生産）世界二位」の座を奪われ、IT産業では韓国の後塵を拝することとなり、加えて東日本大震災の復興や東電原発事故の処理にもたついて、閉塞感は募るばかりである。

身をすくめて生きる日々を送りながら、大きなものを失ってきたことに気づき始めた。家族や共同体の劣化である。無縁社会の拡大と言い換えてよいかもしれない。

敗戦後、農村共同体や向こう三軒両隣といった地域のきずなを「歴史の遺物」といった負のイメージで否定し、その結果「個人主義」へと向かった。高度経済成長が始まって、文化住宅、団地、マンションと住まいの形は変わったが、理想の生活単位を「核家族」において、それに適合する社会を作り上げてしまった。舅《しゅうと》や姑《しゅうとめ》に干渉されず、隣近所にも煩わされない親子だけの暮らし。それはそれで理想の生き方かもしれないが、結果としてコミュニケーションに乏しいうえに先人の知恵に学ぶこともなくなり、近隣の煩わしさを言いつのるだけの乾ききった人間関係に直面することとなった。

職を得て結婚し定年を迎えるまでの四〇年ほどを過ごすために、どれほどの孤独を味わい、どれほどの人間関係を犠牲にしてきたことか。たしかにそうした暮らし方が高度経済成長を支えたかもしれない。しかしその結果、何を失ったか。故郷に残した老親はどう生きているか。田畑や山はどうなっているか。かつての温もりのある共同体は…。

繰り返しになるが、われわれは「核家族」を理想の生活形態として選び、「消費は美徳」を実践してきた。その結果、過疎化、少子高齢化はとめどなく進み、農地や山林の荒廃という現実から目をそむけてきた。そして二〇一一年の流行語になった「絆」という言葉が象徴するように、共同体の再確認、さらには里山の再発見に見られるような自然のサイクルを大事にする暮らしへの転換に気づいた。見方を変えれば、効率主義、便利史上主義で置き去りにしてきた共同体的暮らしへの回帰である。

そういう暮らし方に価値を見いだし始めているのは、戦後の貧しい暮らしをかすかに記憶にとどめている団塊世代である。彼らは一九七〇～八〇年代の中国山地で「むらおこし」をリードし、社会の第一線を退いたいま、自らが歩んだ道を苦い思いで振り返っている。淡い記憶に残る共同体の温もり、それを支えた農地、牛、里山という生活循環系の確かさ、安心感の再発見である。使い捨ての消費生活で忘れていた「節約」「もったいない」の再確認と言い換えられるかもしれない。

庄原市総領町で「過疎を逆手にとる会」を率い、開き直りの文化活動を展開した和田芳治さん（元総領町教育長）は今、「里山資本主義」「里山原理主義」という奇抜なネーミングで新たな農村文化運動に乗り出している。燃料や四季折々の食材をもたらしてくれ、自給的暮らしを約束してくれる「里山」をキーワードに、セーフティ・ネットを再構築し、共同体をよみがえらせようという取り組みである。

そしてその取り組みは、都市から中国山地に移り住んだIターンの若者たちの思いと重なるところが少なくない。

いまや都市の若者たちの農村へのあこがれは、単に都市からの脱出や物珍しさだけにとどまらず、新しい価値観に基づくルネサンスと呼べるかもしれない。ひところ珍しがられたIターンは、若者にとって当たり前の行動となり、受け入れる農山村でも、彼らを排除するどころか共同体の一員として迎え入れている。かれら若者が地域を動かすようになるまでにはしばらく時間が必要かもしれないが、これからの共同体の中核を担うのは間違いない。

なぜなら単身者であれ家族ぐるみであれ、Iターン青年たちの多くは自らの決断に迷うことなく、新しい暮らしを満喫している。ものがあふれる暮らしより、経済的、物質的に多少の不自由はあっても、都市では手にすることができないものを見つけ出している。それを家族や第三者が、自分の価値基準でとやかく言っても、彼らの心が揺らぐことはないだろう。

このたびの取材では、特に石見地域で多くのIターン青年やUIターンを果たした家族に会った。

邑智郡から離れて江津市と合併した旧桜江町では、放棄された桑畑の桑に着目して桑茶生産に乗り出したIターン夫婦の取り組みが島根県内に輪を広げ、ブルーベリー、エゴマをはじめさまざまな食品加工に及んでいる。その動きが和紙の復活などさらなるUIターンを呼び込み、空き家や荒廃農地の活用にもつながっている。地域密着型の教育、研究を

伝統和紙の継承でUターンした男性と北海道生まれのIターン女性が結ばれ、紙布の復活を目指す（江津市桜江町）

進める島根県立大学（浜田市）で学んだ県外出身の卒業生たちが地域に入り込んで住民に新たな刺激を生み出している。益田市匹見町にIターンしたワサビ栽培の青年たちは、農業だけでなく地域イベントへの参加や音楽活動、ボランティア活動などで住民を巻き込み始めている。ほとんど目立たないが、各地の森林組合でも多数のIターン青年が森林作業に打ち込む傍ら、IT弱者をサポートしている。

彼らは都会で語られるような「豊かな暮らし」を求めているわけではない。ほとんどが空き家を改造したり、質素な公営住宅を借りて、つつましい暮らら

しをしている。パソコンやモバイル機器を駆使して日々の情報に接しているから孤立感はない。あえて言えば「1＋1＝2」といった単純な発想ではなく、「1＋1＝0」かもしれないし「1＋1＝10」もあり得るという合理性を越えたところで自らをとらえ、社会を見ている。それを確認させてくれるのは都市砂漠ではなく、田畑や里山を含む自然であると考え始めた若者たち。

何もいわずに勝手口に野菜を置いてくれる隣のおばあちゃんとの心のつながりもある。裏山の木を切って積んでおいた薪のある暮らし、近所のおじいちゃんがつくってくれた炭で焼く魚や肉。山から引いた水。ガスや灯油だけに頼るのとは違う生き方に、モノではなくココロの豊かさを実感する。

Iターン青年の新しい価値観、新しい生き方の実践―。それは多くの点で和田さんの「里山資本主義」の理念と一致する。

（おわり）

主な参考文献（文献名、編著者、出版社、発行年）

全般

『中国山地』上・下（中国新聞社編・未来社・一九六七～六八年）

『新中国山地』（中国新聞社編・未来社・一九八六年）

『中国山地―明日へのシナリオ』（中国新聞社編・未来社・二〇〇二年）

第一章　過疎対策の実験台―益田市匹見町

『匹見町誌　現代編』（町誌編纂委員会・柏村印刷・二〇〇七年）

『過疎町長奮戦記』（大谷武嘉・今井書店＝山陰文化シリーズ三四・一九七〇年）

『続過疎町長奮戦記』（大谷武嘉・報光社・一九七九年）

『ふるさと拾遺集・廣見』（斎藤寿男・私家版・一九九六年）

『索道のしおり』（匹見ウッドパーク編・タイピック・一九九七年）

第二章　新しい血―島根県邑智郡

『石見町誌』上下（町誌編纂委員会・柏村印刷・一九七一年）

『カモミールの風―研修事業一五周年記念』（邑南町・柏村印刷・二〇〇七年）

『食と農―島根新産業風土記』（関博満ほか・山陰中央新報社・二〇一〇年）

『「農」と「モノづくり」の中山間地域』（関博満ほか編・新評論・二〇一〇年）

第三章　「御三家」からの自立―奥出雲地域

『横田町誌』（町誌編纂委員会・報光社・一九六八年）
『和鋼風土記』（山内登貴夫・角川学芸出版・一九七五年）
『美鋼変幻―「たたら製鉄」と日本人』（黒滝哲哉・日刊工業新聞社・二〇一一年）
『山陽・山陰　鉄学の旅』（島津邦弘・中国新聞社・一九九四年）
『シンポジウム人間と鉄』（鉄の歴史村地域振興事業団・一九九一年）

第四章　備北の模索―三次・庄原北部地域

『高野山郷土史・たかの山』（金築義雄・小田博堂印刷所・一九七三年）
『君田村史』（村史編纂委員会・第一法規・一九九一年）
『比和町誌』（町誌編集委員会・庄原印刷・一九八〇年）
『口和町閉町記念誌―くちわ五十年の軌跡』（口和町・シンセイアート・二〇〇五年）
『高宮町地域振興会方式と町長・児玉更太郎』
（自治総研ブックレット一一・公人社・二〇〇一年）

第五章　大都市のとなりで―芸北地域

『筒賀村史・通史編』（筒賀村・凸版印刷・二〇〇四年）
『芸北町誌』（町誌編纂委員会・ぎょうせい・二〇〇七年）
『碑を巡る―芸北町圃場整備記念アルバム』（芸北町・宇品授産場・一九九三年）

『創立百年　新庄学園史』（広島県新庄学園・佐々木印刷・二〇一〇年）
『豊平町のあゆみ』（豊平町・ぎょうせい・一九九五年）
『蕎麦打ち道場』（高橋邦弘・明治書院・二〇〇九年）

終　章　総括編

『過疎対策データブック―平成一九年度過疎対策の現況』（過疎対策研究会・丸井工文社・二〇一〇年）
『森林社会学宣言－森林社会の共生を求めて』（内山節編・有斐閣・一九八九年）
『限界集落―吾の村なれば』（曽根英二・日本経済新聞出版・二〇一〇年）
『デフレの正体―経済は「人口の波」で動く』（藻谷浩介・角川書店・二〇一〇年）

おわりに

夏休みも終わり近くになって、せき立てられるように宿題を片付けた子ども時代。「やれやれ」という安ど感に、「こうしておけば」という心残りを引きずった。いま、そんなほろ苦い経験がよみがえっている。これが、中国山地再訪の旅を終え、とにもかくにも原稿を書き上げた、現在の偽りのない心境である。

新聞社にいたころと違って、締め切り時間にせかされることはない。記者を廃業し教員生活を送るようになって、それに気づいた。「今度の夏はきっと」「来年こそは」と自分に言い聞かせるものの、生来の無精がたたって「まあいいか」の繰り返し。思い立ってから一〇年以上が流れ、気づけば古稀が目の前。大学を辞め、おもむろに行動を開始して二年余。それでも取材の途中で幾度か「ここでやめても、だれもとがめ立てする人はいないよ」という内なるささやきが、頭をかすめた。それを防ぐため、だれかれとなく自らの計画を公言し、締め切り時間を「古稀までに」と設定し、退路を断った。

取材を振り返って、四半世紀余り前の「新中国山地」で知り合った人たちの親切が身に染みた。ほめられた話ではないが、記者時代には新聞社の名刺一枚で、取材に困ることはまずなかった。しかし、すべての肩書をおろすと、初対面のあいさつからして勝手が違う。名前、住所、電話番号、メールアドレスだけで肩書きのない手作りの名刺を差し出すと、相手はそれを裏返し何も印刷してないことを確認して「で、ご用件は?」とけげんな表情を浮かべる。致し方のないことではあるが、辛抱強く訪問の趣旨を説明するほかなかった。

その点、「新中国山地」の取材でお世話になった人たちは「ああ、あの時の」でこと足りた。年賀状を毎年やり取りしたり、時折お邪魔したことのある人なら、なおさらである。お寺の住職、一〇〇歳に手が届こうかという元町長、村おこしに奔走していた元役場職員、商工会の元経営指導員、印刷会社の元従業員、元教員…。たいてい退職していたが、ずいぶん助けてもらった。役場ではだれに会えばよいとか、どこそこの集落に詳しい人がいるとか、その人は老人ホームにいるといった具合で、本当にありがたく、「記者の財産は人だ」と先輩記者が語っていた言葉をかみしめた。この欄を借りて「ありがとうございました」と申し上げる。

「アナログ派」に属する筆者は、携帯電話は使えないがパソコンは辛うじて操作できる。せがれにセットしてもらったインターネットにはお世話になった。平成大合併前後の自治体の基礎データ、さまざまな団体やNPO法人のホームページ、中年世代の女性たちが発信するブログ…。おかげで取材漏れをカバーし、取材時の思い込みを修正することもできた。

取材に当たって回り道をしたことがある。これまでほとんど目を向けてこなかった、中国山地のお寺の現状についてである。その不明に気づき、ほぼ三ヵ月をお寺の取材に費やした。それを本書に収めるつもりで原稿を書いた。しかし、先輩が残してくれた『中国山地』、筆者を含む三人で取材に当たった『新中国山地』、そして後輩記者が受け継いでくれた『中国山地　明日へのシナリオ』のルポとはあまりにも趣を異にする。そんなわけで本書への収録を見送り、中国新聞のブログサイト「ちゅーピーむら」に「お寺が消える」と題して二〇一一年一二月から二〇一二年二月にかけて掲載させてもらった。関心がおありならインターネットで上記キーワードを入力し検索してお読みいただきたい。

表紙カバー写真は、元中国新聞カメラマンの紺野昇氏にお願いした。『新中国山地』『西中国山地—動物たちは今』を一緒に取材し、退職後は「芸北写真塾」を主宰、広島県北の芸北地域を拠点に中国山地の自然や風物を温かいまなざしで撮った作品をブログ「山に暮らせば」に発表し続けている。表紙デザインと地図作成は、新聞社時代にイラスト制作でさんざん迷惑をかけた井上文章氏が快く引き受けてくれた。よき友に恵まれた喜びをかみしめている。

さて、この本を溪水社の木村逸司社長にお願いしたのには、いささか因縁がある。もう三〇年以上も前の記者時代、古書店主や大学の若手研究者たちと「勉強会」と称して月に一、二回酒を酌み交わすグループがあって、木村社長は中核メンバーだった。酒席で「元気な間に一度は出版を」と口にしたことがある。大学を辞める直前、研究室を訪ねてきた木村社長は、そのやりとりを覚えていて「もうそろそろ…」と執筆を促した。そんなわけで原稿を溪水社に託したのはよいが、出版に至るまで大変な迷惑をかけてしまった。お詫びのことばもない。

著　者
島 津 邦 弘（しまづ　くにひろ）

現住所　〒731-1141 広島市安佐北区安佐町鈴張 4801

1941（昭和 16）年　広島市安佐北区生まれ
1964（昭和 39）年　立命館大学文学部卒・中国新聞入社
1965（昭和 40）年　松江支局
1970（昭和 45）年　編集局報道部
1980（昭和 55）年　千代田支局
1990（平成 2）年　解説委員
1994（平成 6）年　編集局次長
1997（平成 9）年　中国新聞退社　比治山大学教授
2010（平成 22）年　比治山大学退職

主要著書
『新中国山地』（1986 年・未来社・共著＝日本農業ジャーナリスト賞受賞）
『西中国山地　動物たちは今』（1989 年・ぎょうせい・共著）
『世界のヒバクシャ』（1991 年・講談社・共著＝日本新聞協会賞受賞）
『移民』（1992 年・中国新聞社・共著）
『山陽・山陰　鉄学の旅』（1994 年・中国新聞社）
『ヒロシマ 50 年』（1995 年・中国新聞社・共著＝日本新聞協会賞受賞）
『神々の鼓動　出雲の風と土と』（1997 年・中国新聞社・共著）

山里からの伝言――中国山地 2010 ～ 2012

平成24年 6 月 1 日　発　行

著　者　島　津　邦　弘
発行所　㈱　溪水社
広島市中区小町 1-4（〒730-0041）
TEL 082-246-7909 ／ FAX 082-246-7876
E-mail : info@keisui.co.jp

ISBN978-4-86327-187-6 C0036